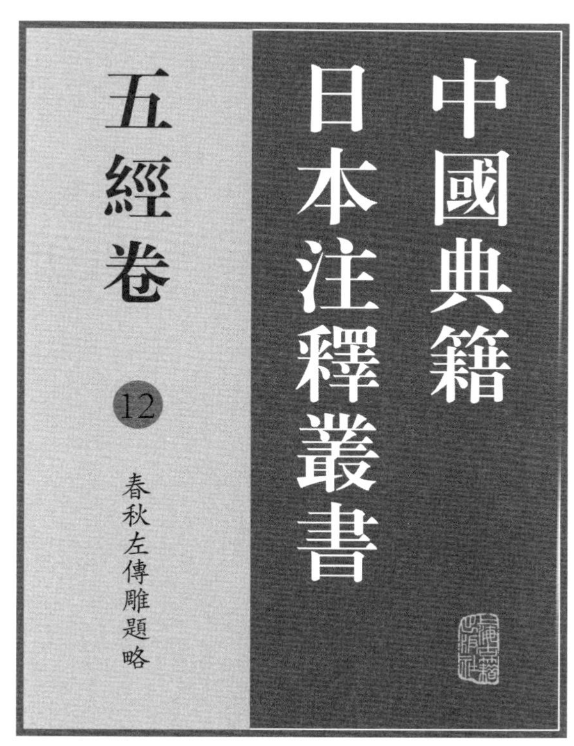

[日]林羅山 等撰
張培華 編

目録

春秋左傳雕題略

［日］中井履軒　撰

春秋左傳雕題略

〔日〕中井履軒　撰

春秋左傳雕題略

隱 閔
桓 僖
莊

一

弘化三年丙午季冬鐫

中井履軒先生著

春秋左傳雕題略

唐津　鄺然堂藏版

刻左傳雕題略敘

玆編爲中井履軒所著。初余比弱冠。赴浪華從學竹山先生。余時於經頗有鄙見。質之先生。先生可否而折中之。得其啓發匪細。履軒爲先生之令弟。棣萼雖同。持論稍異。

余時時來往討論。必盡其底蘊而後已。事既在五十餘年外矣。履軒於經都張己說。而春秋左氏尤有發明。夫左氏說。杜征南以下。無慮數十家。履軒能取舍之。至於發明之說。往往卓越前人。卽此編是也。

余當時謄寫一部而歸。爾後每以此眎生徒。唐津藩有山田士栗者。嘗寓吾塾。轉寫此本。頃者。將梓以公諸世。來就我謀。余謂必謀之於我。士栗之謹也。不敢私秘。士栗之公也。公且謹矣。誰謂不可。乃弁來由於首。以從慂之。

弘化丙午後五月下澣三日

江都　一齋佐藤坦叙

受業弟子　渡邊糺敬書

瀧澤義吉剕

左氏雕題例言

或曰經源也傳委也今吾子所論著詳於傳而略於經何也曰然凡經之難解莫難於春秋抑亦有由也蓋春秋史也故知事之終始而後讀焉褒貶瞭然宜無難解者也然經弗詳其事故不得弗假於傳三傳各異其事而各異其解於是乎事不可得而知焉事不可知則經不可解也豈容遽作之說哉

三傳異其事或有一真也而真不可保焉三傳異其解或有一長也而長不可保焉是故欲解春秋者當會萃三傳而精擇焉以成一家之言庶幾乎有得聖人之旨

例言

也。乃欲偏據左氏以闕經旨。吾未見其可也。故今所訂。特正註家之謬。以明傳之文意也已。於經文本無所發明也。然間有所相及者。亦訂傳之餘波矣。

讀左傳。宜讀其記事。若釋經之文。往往謬誤。不必深留意。其凡例亦只一端已。其言自相矛盾。不可相通焉。

左氏之妄誕及失經旨者。先儒已多論之。今皆弗論。然間有所相及者。罪在筆之滑耳。將以次削焉。

或曰。經不詳事。而事必待三傳。則三傳未作之時。何以能使天下亂臣賊子懼焉。曰。然。世去春秋未遠。則傳誦之言。存乎人耳。譬之賴朝義時正成尊氏。均舉兵者也。

記之者。或義之。或叛之。下一字。而讀焉者瞭然。以素知其事也。千歲之下。傳誦之言已泯矣。則傳不得弗作也。所以昔人不待傳。而後人必待傳也。

或曰。會萃三傳。而成一家之言。胡氏之業。不其然乎。亦何待乎外。曰。然。唯其擇之不精。或未得聖人之旨。其如之何。春秋豈易言哉。豈易言哉。

左傳雕題略目錄

昭公訖二十六年

第六册

昭公　定公　哀公

春秋左傳雕題略卷第一　據杜氏集解

浪速　中井積德著
唐津　山田寬校正

隱元年傳。孟子卒。　註。不稱薨。不成喪也。是釋經之例。非所以施於傳文也。傳文稱呼。錯雜不一。弗可拘解。其不稱謚。亦非無謚也。凡註用釋經之例。以解傳文者。皆不可從。他並傚此。　凡從夫謚者。必元妃矣。其他別制謚。如衛厲嬀戴嬀之類。是也。元妃先死者。恐應從夫死而從其謚也。不然。亦別制謚也。決無無謚之理。又如文姜哀姜。皆元妃。而不從夫謚。雖以其有罪。而不得從夫謚。

亦自制諡也。則是夫人必有諡之一證矣。

隱公立而奉之。　立。謂隱公即位也。非謂立大子。　鄭衆曰。隱公攝立爲君。奉桓爲大子。　隱之謙讓。特以適庶之分矣。若生而有文。是仲子歸魯之祥。已與桓公不相干。　仲子非姪娣。惠公蓋再娶爲適夫人也。春秋之時。再娶之例亦多。夫國君不再娶者。雖爲禮之經。而此不得據作說。

元年經。春王正月。　元年正月。猶言一年一月也。無佗說。

　劉炫曰。元正。唯取始長之義。不爲體元居正。　張數言曰。周之正朔。月數皆改。必其朝覲聘同。須朔授時川筆之於史冊者。卽用時王正月月數。其民俗之歲時。相語之話言。則皆以寅月起數。如後世者自若也。而春秋書王正月以別民俗爲無疑。

克段于鄢。　克者。難辭。傳如二君。故曰克是也。得儁之例。此不得據作說。餘見于莊十一年。

歸惠公仲子之賵。　歸。遺也。註不反泥甚。　仲子未死後雖有謚。此豈宜稱哉。註無謚謬甚。

傳。寤生驚姜氏。　應劭曰。兒墮地能開目視者爲寤生。

今京不度。　不度。謂甚大也。猶言無量也。不然。與非制語複。

早爲之所。謂及今區處之也。或削或逐或殺。皆在其中。

不義不暱、林註。不義之人。不爲衆所親暱。厚而無基。將如牆屋。自然崩壞。按。屋字尚剩。

大叔完聚。完聚。所包廣矣。如粮食芻茭。皆在其中。不特城郭人民。且不必分配兩事。

帥車二百乘。舉車數略見兵之衆寡耳。不必拘古制。大抵一車百人爲率。而增減隨時。各國又應有循用。勿泥說。佗並傚此。

謂之鄭志。難之也。鄭志。謂鄭國人之志也。國人皆尤鄭伯耳。難。謂殆弗脫也。蓋出奔云者。有從容之意。故不以此爲言。

未嘗君之羹。　傅遜曰。羹非有分於貴賤也。註謬。

同軌畢至。　此謂會葬之期也。若赴吊。葬後亦可行。非可以爲差。

吊生不及哀。　陸貞山曰。惠公薨久。今來賵者。不及其哀哭方盛之時。杜既葬縗麻除之說。經典未之前聞。　是年三月。隱公爲蔑之盟。蓋既除麻矣。然是自當時之失禮。往往如此。杜乃以爲先王禮制。大謬。他並倣此。說又見于昭十年。

二年經。八月庚辰　隋唐以來。曆法漸密。然不能無差。於一本。知下。有推字。

數百年之後。是法有未盡也。況三代之曆尤疎略。而其法又不傳。則後世安得而較之哉。元凱乃據臆造長曆。輒斥經傳之誤。不亦謬乎。凡據長曆爲言者。今皆不從。後並倣此。

夫人子氏薨。　仲子。惠公再娶之適。隱公之適母。而大子之生母。固可稱夫人。固可成喪。況隱之謙讓乎。註未妥。

三年經。己巳日有食之。　古者曆法疎略。且未知推日食。故或食于朔。或食于晦。或食于二日。蓋日行有盈縮。月行有遲疾。用平行算者爲經朔。參以盈縮遲疾者爲定朔。古唯用經朔。而不知定朔。故朔多不合。或在前日。或在後日是曆法之未密耳亦非曆官之失 朔則書朔其在前後日者唯揭支干而已此蓋書法矣非史之失他竝倣此 是歲三月有庚戌而己巳距庚戌四十一日則知在朔之後日也按穀梁傳曰言日不言朔食晦日也是似當據但舉晦而不論二日爲未備耳

武氏子來求賻 父在而身未有官位者故稱武氏子

葬宋穆公 諡者所以易名國君之諡其國之所稱也故既舉諡不得不配以公字以從其國稱也 前註稱卒者略外得之此乃言惡薨名何也且赴辭是寡君不祿之類耳未直稱薨字也註改赴書可謂謬矣

傳。王貳于虢。　是欲畀政於虢公也。既使鄭伯爲政。而貳心于虢。故曰貳也。非分政之謂。

取溫之麥。秋又取成周之禾。　傳士元曰。麥禾雖未熟。軍中豈無別用。蓋爲牧圉用。　取禾在秋。或既可食矣。取者。刈取之也。非徒踐之。　傳取麥取禾。欲文相連。設令取禾在八月。宋公卒之後。或在九月。亦必在此言之也。杜既泥。正義又傅會。並不可從。　林註。秋。令之五六七月也。

澗谿　蘊藻　山夾水曰澗。水出於山曰谿。　毛晃曰。蘊亦水草。玉篇曰。蘊。菜也。　蘋蘩蘊藻。必是四物矣。詩有一本言殷王能受天意而作祖世繼承其先王。

蘋蘩及藻而無蘊故杜强解蘊藻爲一物耳拘甚

殷受命咸宜　所引詩中命字宜貼上文命字益言殷王能受天意而所出命令盡善也所以荷百祿　百祿句益以殤公得國爲宜公之福耳註以貼殤公身上故不通又馮之出父之命也註忽而出奔謬　引詩唯取此句之義未有兄弟相及之意註繫

尋盧之盟　尋燖同溫燖也哀十二年若可尋也亦可寒也可以見

衛人所爲賦碩人　何玄子曰碩人詩作于莊姜始至之時初無憫意所云爲賦者但謂是詩爲莊姜咏耳非謂

以莊姜無子之故然後賦此詩也。

小加大　陸貞山曰小大亦以班位上下言之不必專謂用兵。

四年經戊申衛州吁　戊申冒於上文分明是二月之日。註長曆之誤耳。

殺州吁。　州吁簒立未踰年固不成君也非由未列於會餘詳于莊九年

傳不聞以亂　亂謂攻伐鬬戰是指伐鄭之事若阻兵安忍乃州吁之爲人也不可渾說。

老夫耄矣。　耄謂老之甚也此作活字不可限歲年拘說

五年經矢魚于棠。魚漁同說文魚捕魚也。
考仲子之宮初獻六羽。 考猶落也廟始成而設祭猶人居始成而落飲也雜記曰路寢成則考之而不釁當參考。 諸侯無二嫡禮也葢以其不再娶也當時既再娶則欲無二嫡而弗得焉故仲子雖非元妃亦嫡夫人耳惠公廟既配以元妃孟子則弗得不爲仲子別立廟也是時宜當然不須鑿解 經無稱夫人之謚者但稱仲子是經文之例而傳又隨而稱之也又焉知其宮別無名號也註鑿 問羽數是傳文於經無干涉註謬且傳設記此曰公問羽數則如之何

一本不字下有必字

傳不足以講大事　大事專指戎事下文以講事也與此相應不帶祀事且祀事無講習之典

數軍實　軍實是專謂所獲也若吾之車器人徒恐不可作軍實但戰陳所虜獲者而後謂之軍實耳僖三十三年先軫曰隳軍實而長寇讎是也

不登於俎　鼎俎古者人鬼通用但登俎云者是禮食非褻味耳

皁隸之事　皁隸謂至賤者也不必拘士臣輿臣

且謂遠地　棠蓋魯地而遠於國都耳非他竟

諸侯用六　士用二　始用六佾也　服虔曰用六爲六

一本大夫二字作士。

八四十八用四爲四八三十二用二爲二八十六。佾字從人從八從肉八人爲佾無疑襄十一年鄭人賂晉以女樂二八晉侯以樂之半賜魏絳益以一八爲賜也。亦樂以八人爲一列之證矣。大夫亦自宜有樂不必待有功。周公廟用八佾亦僭禮耳戴記成王賜伯禽受之說蓋未信。魯之僭禮蓋僖文以降云則當時未有用八佾者也經書初獻六羽者先是羽數不準故也或多或寡亦非定僭八佾也且據初獻句蓋由是諸廟亦皆用六佾也不得以後之僭而誣前世

未及國。使者不實告者蓋恐魯人辭以急遽難辦耳非

忿辭。

叔父有憾。　天子呼諸侯大國曰伯父伯舅。小國曰叔父叔舅。不以長幼也。諸侯於大夫。恐亦以位次尊卑而伯叔之。不以長幼也。然據正義。僖伯實隱公之叔父。年又非少。則稱叔父。是實語矣。非用通套。杜偶失考耳。正義。乃又爲回護。非也。

六年傳。來渝平。更成也。　魯鄭之好。狐壤以後。春秋以前無可考者。然渝平之爲絶交。必矣。傳中渝盟之語。歷歷可徵。蓋先是魯鄭嘗結交也。傳更成。更革也。卽絶交之義矣。夫隱公不救宋也。怒使者而不出師耳。未嘗絶好也七年爲宋伐邾可以見已杜所云云者蓋以前年魯與伐鄭後年鄭宛來也然伐鄭者輩也隱公弗之許矣則未害於好也鄭宛來者既絶交之後復結交也蓋鄭之絶交以其方搆怨於宋而魯好於宋也宋鄭既平則魯安獨任怨仇宋與鄭平在七年鄭宛來在八年　按程子曰魯與鄭舊修好既而迫於宋衛遂與之同伐鄭故鄭來絶雖未悉事情而文義則得之

頃父之子嘉父　繫之於父者父在而已未有祿位者

其猶可撲滅　言雖熾而滅不難也

七年經戎伐凡伯于楚丘以歸　既曰伐而接之以以歸

是不待著執字而執之義灼然。註何用知其非執也。執豈必謂桎梏縲紲乎哉。且非執而以歸者。不亦難乎。

傳歃如忘。　服虔曰。如。而也。

八年經我入祊。　是年既受祊而有之。故書曰我入祊也。但予許田在後年耳。

蔡侯考父卒。　諸侯雖未同盟。赴以名則亦書名。是義也。後屢見焉。杜於是條獨臆斷春秋前事以立說。何也。

宿男卒。　註宜曰大夫同盟比於君。親盟者當赴以名也。何必論載書稱君名與不也。且禱河辭非倫。不可以為證。

傳不祀泰山也。泰山之祀蓋謂歲時祀饗若旅祭之類。是也不必巡守助祭。鄭受祊邑亦不必巡守助祭之爲。以齊人朝王禮也。禮字專繫朝王一事也不帶號事。胙之土。胙祚同。韋昭曰胙祿也。諸侯以字爲謚。公命以字爲展氏。朱子曰謚當作氏。陸貞山曰鄭玄駁許慎五經異義引此傳文曰諸侯以字爲氏今此以氏爲謚傳寫誤也。公子展無旁證恐訓詁家之杜撰矣且旣曰公子展則展是名非字傳遜以展爲無駭之字理或然宋華父督之後爲華氏其字也可以爲證孔父嘉之後爲孔氏亦然。

九年傳乃可以逞。　逞如字林註乃可以快志於戎。

祝聃逐之衷戎師。　祝聃別將一軍。非帥勇而無副者。祝聃以師乘戎之奔與三覆圍戎于中從前後合擊之也。

祝聃蓋橫擊。

戎師大奔。　後者不救見前者盡死亦敗走也。

十一月甲寅鄭人大敗戎師。　是一條疑經文誤入傳者。

十年經二月公會齊侯。　經傳月日不相符者不少不得據傳而疑經他皆放此。

十一年傳及大逵。　爾雅九達謂之逵他並倣此。　許莊公奔衛。　奔不書蓋不告也。

使餬其口。餬口。猶俗言濡吻也。

如舊昏媾。降以相從。媾。合也。昏媾者。泛稱姻屬。夫昏與姻。分屬兩父者。俗說不足據。降。謂相降也。只是恭遜之意。

禋祀許乎。禋亦祀也。書曰。禋于六宗。與類望對。傳以為皆祭名。若訓以潔享。則其他豈有不潔之享乎。

大岳之胤。大岳。四岳之一也。且堯時未有證。

卒出豭。行出犬鷄。卒自卒。行自行。蓋不相領統者。不則豭犬重複矣。百人為卒。是奉一車者。然則行乃徒兵之伍列矣。但其人數未詳。

一本。祊作許。

鄭息有違言。違言謂違逆之發於言語也。非以言語之故相違恨。

桓元年經。公即位。行即位之禮則書。不然則否。且既稱元年。則其立爲君。不俟言。所謂即位。特其儀禮耳。桓公討寪氏。自掩其醜。則行即位之禮。固其宜也。註云簒立而用常禮。穿鑿何深。豈別有簒立即位之儀乎哉。

傳。爲周公祊。取祊在前年。故經唯書許田。然假許田者。其實以易祊也。故傳發其意。亟與祊許以爲文也。非謂前年未受祊。至此始易取而有之。

二年經。及其大夫孔父。孔父字。嘉名。註以孔父爲名。謬。

何弗察父字　孔父之先若弗父何宋父周孔父之後若木金父叔梁紇多以字配名爲稱歷歷可證而傳稱孔父嘉則孔父爲字章章若華父督亦是豈宋之習俗然邪又孔父之子孫以孔爲氏祖字爲族也亦是一證孔父之妻初非有奸途上適見看見非其過也況孔父乎殤公十一戰亦非孔父所爲故民亦不怨焉苟既怨焉亦何待督之宣言也杜乃以不治閨門取怨於民罪孔父冤哉

滕子來朝　程沙隨曰小國自貶殺禮

傳以成宋亂　立華氏也　是經直述其意也非諱辭

華氏者自後稱之辭也非當時之語則督焉知之未死而賜族誣甚若上文攻孔氏亦與此同孔父之時固未嘗以孔爲氏族

鞞鞛　黼黻　錫鸞和鈴　柄飾曰鞛室飾曰鞞　黼黻得名以形不以色　錫鸞在鑣和鈴在軾由聲而言謂之鸞和其器則錫也鈴也非四物

遷九鼎于雒邑　按尚書武王無營雒之事而成王之營也先卜之則始營焉可知矣苟武王既爲之兆何必更卜焉詰辭亦必有概見者大率傳中答問之語任口說故事固容有差謬不必回護作說他並放此

臧孫達其有後。陸貞山曰此只據哀伯言。又何遠引僖伯。

易則生亂　始兆亂　易者謂名非義也。二名偶然耳。非有愛憎師服亦非諷諫。

側室　貳宗　分親　側室猶貳宗。皆非官名。文十二年。趙有側室曰穿。是也。大宗之適子常爲大宗。貳宗謂小宗也。分親謂分産異居者。

三年經春正月。劉炫以爲正月不言王者。史闕文耳。若天王失不班曆而不書。乃是非小故。傳何無稱述也。子朝之亂。經皆書王。當時豈能班曆乎哉。

日有食之既　詳有之二字是謂有物食之也未嘗以自食爲文矣其不稱月者蓋未知其爲月也曆家推日食肇於漢三代未有此法必非知而不言也堯舜之知而不徧於物謂是之類也後人動作回護之説皆非　月食西儒地影之説不可易此不復論

傳修先君之好　齊魯之昏媾修舊好之大者不特辭命稱先君

四年經公狩于郎　郎設狩地合禮則經當如何書也不書地唯曰公狩邪是豈成語哉註非狩地故書地蓋謬及三驅之禮亦鑿

傳。宰渠伯糾。　宰其官也。傳雖稱父在。而不言父官宰也。是知父別任官也。設令伯糾實無官。則當書曰渠某之子也。杜何由知其攝父職也。可異。　既以伯仲稱焉。則伯糾必其字矣。傳以爲名。不知何據。恐是左氏之妄。

五年傳。爲左拒。　左右拒。是左右翼之類。不必方陳。

先偏後伍。　車曰偏。徒曰伍。是稱呼耳。非拘其數。

王亦能軍。　謂猶能親馭師徒。不爲傷而廢頓也。非殿。

使祭足勞王。且問左右。　名足。字仲。　問左右。問王之安否也。以其傷矣。左右者。不敢斥之辭。　艾千子曰。鄭伯之勞王。與問左右。所謂刃人而煦煦以手撫也。奸人多一本。斷案下有一條云按許[illegible]十九年下[illegible]龍星角[illegible]豈嫌[illegible]泛而變[illegible]解與祈[illegible]文云火[illegible]而致用[illegible]是心星[illegible]蒼龍宿[illegible]不得不[illegible]避已可[illegible]

僞禮如此。

仍叔之子。 是傳文偶失敘耳若久留未見其據若未秋。

亦誣。

秋大雩。 龍見而雩。 龍見之雩先期豫祈雨也是每歲常典即秋無雨尤當雩也是臨時之雩與常典之雩自別常典之雩宜不書臨時之雩不得不書書亦非譏傳以臨時混常典而作譏辭恐是左氏之妄 經不書旱者蓋不成旱也或是雖旱不成災即常典之雩過時而爲之何大雩之爲大字可以爲斷案 龍蓋星名宜指一宿或是角星若蒼龍七宿亦太泛且似後世之言。

窮矣。所謂龍見。非謂六宿皆出也。乃是龍首始出東方之謂也。若作亢東方爲見可也。不當解龍作角亢二宿名耳。

龍。蓋通角亢氐房心尾六宿爲稱也。其六宿委蛇。如龍形。角爲龍角。尾爲龍尾。是所以名焉已。若蒼龍七宿。似後世之言。僖五年。龍尾伏辰。可併案。

過則書。是過失之過。其非時。則先亦書。後亦書也。十四年。註。先其時。亦過也。

六年經。殺陳佗。不稱爵。疾之也。餘詳于莊九年。

傳。祝史正辭。矯舉。正辭。謂肥腯豐盛。稱其實也。矯舉反之。故公拒之。以何不信。而季梁得以陳其意也。非虛美功德之謂。

一本有一說。蠡。海螺。

㾊蠡。蠡音禮。說文曰。蟲齧木中。癬疥若蟲蝕狀。謂之蠡。

也。其殼纔理，如蟲蝕狀，故取喻焉。一條。

舊音裸者，葢以其毛落如裸體耳。太甚。

嘉栗旨酒。栗謂香味肅烈。

五教。九族。五教，卽五典。孟子曰：父子有親，君臣有義，夫婦有別，長幼有序，朋友有信。九族之目未詳。然註舍本族，特列外親，必不是。鄭玄曰：高祖至玄孫。凡九，皆同姓。或曰：父族四，母族四，妻族一。按，鄭解似長。但九數亡同姓，而各該外族，斯爲全備。

善自爲謀。猶言善自處也。嘉之也，非譏不及國。

辭諸鄭伯。鄭忽已辭於齊，又以其意白鄭伯，使其辭於齊也，非矯命。

接以大牢。内則陳註。以大牢之禮接見其子也。又駁鄭氏接夫人之說。是矣。内則又曰。凡接子擇日。

不以國　畜牲。　顧炎武曰。若定公名宋。襄公名蔣。若周鄭吳晉當時多有之。何物癡人。以本國爲名哉。是不待言者。　畜指雞犬馬。牲指牛羊豕。

周人以諱事神。　正義曰。自殷以往。未有諱法。諱始於周。

周人避諱。未若後世之謹嚴也。且諱專以死者而言。未必避生者之名也。後世通謂生者之名爲諱。非古義。禮。舍故諱新。蓋舍祖而諱父也。非親盡之謂。

公告不能。　蓋畏齊也。不特以無王寵。

七年傳。名賤之也。　陋小故賤之。賤之故名之。傳文明白。

註。禮不足。蛇足。

八年經。使家父來聘。　家父。蓋其字也。非家氏。詩節南山有家父。十月之交有家伯。當併案。

九年傳。衡陳其師　背巴師。　鬬廉以其師。出于巴師中間。布陳以戰也　背巴師。從楚師言之也。下有夾攻句。則鄧人在其間可知矣。註並失文意。

十年傳。懷璧其罪。　懷璧。或以招禍。故以懷爲罪耳。無罪之罪也。

十一年經。突歸于鄭。　鄭忽出奔衛。　突不繫於鄭者是時在外。而不當立者。忽繫於鄭者。既立於國矣。其不稱爵者。未踰年。　顧炎武曰。鄭忽者。未成君之稱。　註以文連祭仲解突不稱鄭。然則忽亦文連。何特稱鄭。是爲不通。　突歸忽出。俱文連祭仲。而就其中以係鄭不係。而與奪焉耳。是文法矣。設上文無鄭事。則突自不得不係鄭。但註不辨忽係鄭之由。故其說不通。莊二十四年。戎侵曹。曹覊出奔陳。未歸于曹。前後相反。而文法相合。

傳。誘祭仲而執之。　劉炫曰。祭仲本非行人。　註非會非聘。是固然也。以行人應命。是何所據而言。蓋臆說不足信。夫誘者。或以私事召之。或以國事召之。好言導之耳。

禮。大夫無外交。而當時能守之者幾人。不得據作說。夫行人者。謂啣君命而使者。時昭公新立。未宜有使聘。是必不然。

十二年經。戰于宋。 文意明白。不待解。註以獨戰爲文不可曉。

傳。坐其北門。 截城兵救應之路也。坐如字。屯住之義。

十三年經。衛侯燕人。 是註與釋例相左。釋例爲優。曰。父雖未葬。踰年則於其國內卽位稱君。伐鄭之役。宋公衛侯是也。 顧炎武曰。諸侯踰年卽位。則得稱君。如宣十一年楚子陳侯鄭伯盟於辰陵。是時靈公被弑。賊未討。

君未葬已稱陳侯是踰年稱君古之常例也　卽位紀元欲不爲君而弗得若夫亂賊不予其爲君者則當別論至於未葬未列於會無所干於書法皆出於杜之臆說舍之可也他並倣此　顧炎武曰燕獨稱人其君不在師　敗績稱師是常例非異辭註謬

十四年經夏五　合註不書月者春秋成後而傳者闕之不然聖人專筆削豈不能刊正

乙亥嘗　㢊災嫌於或廢祭故書嘗以示不廢祭也非以過而書且非有示法之意

傳鄭子人來　子人是語之字

十五年經。鄭世子忽。　顧炎武曰。忽未踰年而出奔。奔四年而復國。未即位。不得成之爲君。曰世子者。當立之辭也。杜解非也。

十六年經。四月公會宋公。　此直書其事。無諱辭。

冬城向。　凡時而不月者。多是不月中而畢者。故與下事俱十一月者。而別揭時。而書於文無妨。況十月而起事亦未可知也。　按莊二十九年傳曰。凡土功龍見而畢務。戒事也。火見而致用。水昏正而栽。日至而畢。是土功者。主節氣。而不拘月數也。但畢務之後。首事指日至爲畢功之期而已。是歲若歲杪置閏。則十月畢務久矣。水將昏正是十月之末或可首土功也杜氏長曆不足據而知是歲置閏者因傳以爲時也註閏六月者是長曆之謬 註功役之事皆總指天象不與言歷數同是言似而非也蓋指天象卽與節氣合何與歷數左且如云日至而畢豈非歷數乎但不拘月數耳 功作國之大事得時亦書失時亦書直書其事而失得自見傳乃一一釋其意或曰書時也或曰書時失也然則別有時無失得之功作而後不書乎恐是左氏之妄凡如是之類皆倣此

傳右公子 左公子 左右是當時稱號未知其由或疑

其居室在公室左右也不然以班位之次若左右媵之子恐臆說難從

十七年經戰于奚　奚之戰本疆場小事非侵伐之類故傳曰疆事也不書侵伐之意分明註別討不書侵伐之故謬

傳宋志也　伐邾本宋之所欲而魯衛助之也所以斷首謀

不書日官失之也　如傳文是日官日御當月朔不知其甲乙也天下豈有此理哉葢傳寫有遺脫而左氏以爲當時曆官之失也寃哉

復惡已甚。 嘗爲昭公所惡。蓋有可惡之實也。故弑爲重惡。

十八年傳。公將有行。 有行。泛辭也。未定濼之會。濼之會。爲與文姜如齊而設也。

仲曰信也。 鄭人以多知老姦目仲。而仲甘受不辭也。註鑿。

莊元年經。夫人孫于齊。 孫。遜同。是逃遁之義。非遜讓之謂。亦非諱辭。

單伯送王姬。 按詩。平王之孫。齊侯之子。據此。王姬豈嫁襄公之子邪。

錫桓公命。公羊傳曰。錫者何。賜也。命者何。加我服也。

傳。不稱即位。文姜出故也。　經不書即位者。蓋君殺國亂。不行即位禮也。傳乃言不稱即位。是實行即位禮。而春秋故不書也。恐左氏之妄。註不忍行禮。似得經旨。然非所以解傳文。　據下文三月孫于齊。文姜固已還矣。未見正月不在之證。夫文姜與賊夫。焉顧於子。註感於公意而還。恐非事實。凡是之類。始於左氏之傅會。而成於杜氏之回護。學者不可弗辨。　或曰。傳文姜出故。即指下文三月孫之事。言國内亂。故不稱即位。以不忍書也。

不稱姜氏。絕不爲親。　魯若絕親乎。不稱夫人可也。不稱姜氏何義姜氏齊之姓魯爲得削之夫人魯之稱既絶又何稱焉是亦左氏之妄矣然則云何曰惡而略之也或是闕文　閔二年夫人姜氏孫于邾當併考

二年傳夫人姜氏會齊侯于袺　顧炎武曰夫人之禮降於君故書行不書還史之舊文

四年傳除道梁溠　是二句謂張軍勢示持重以懼敵也所除之道未行溠之梁未踰而盟既成矣註奇兵及不意句舛

六年經衛侯朔入于衛　是時魯侯與伐衛其非國逆也明知之非辭命所能淆也亦不必勞辭命者註舛　按

合註曰入者難辭似得之傳倒不必據。

傳度其本末。　本之不枝。　本字對末則爲根之義對枝則爲幹之義此兩義錯出不可相混。

後君噬齊其及圖之。　二句一氣讀言雖噬臍而不及也。

不食吾餘。　社稷實不血食而君焉取餘。　餘餕餘也人鬼俱通然鄧侯偏以生人之餘而言三甥偏以鬼餘而言言鄧君死無祭之者弗可獲餕餘也是說者之機辨、勿以問答相左疑之。　社稷包宗廟在內。

七年經恒星不見。　夜中星隕如雨。　隕星是流星之類。陽氣鬱蒸升而著天如星夜明而恒星失光職此之由。

非日光不沒。夜中亦大概言之何須註解且夜雖明。安與白晝比。註以水漏知之鑿甚其謬由日光不匿解而生然亦何瑣屑。如。如字如雨謂隕星之多也傳不必據。

傳齊志也。齊志謂當時事實也不必因地之彼此。

八年經秋師還。春秋原文與孔子筆削後世安得而辨之。註時史鑿甚不可從他並倣此。

傳治兵于廟。廟謂魯朝也非鬼室。

我實不德。莊公之言類有德者之言然其實畏齊耳乃姑作是好言何足取焉且齊父讐而力不能討讎不能

絕則不以郕事而作難也亦其宜

捷吾以女爲夫人 是言也不定作宜無知之言亦不定作連稱之言只是其黨誘之之言

見大豕 從者見豕以爲彭生非二物

奉公子小白 鮑管召註皆以爲傅豈其然乎哉大賈之居奇貨何論官銜

九年經殺無知 無知立踰年而不書爵者蓋疾之不成其爲君也義與陳佗同註皆以未列於會作解大謬其成十六年例尤不足據 既殺之而不弑安得稱君則其他復何論焉

齊小白入于齊。係小白以齊是當立之辭也。與鄭忽曹覊同義。則入字雖曰國逆可也。非衛侯朔之比。

戰于乾時。我師敗績。上書公伐齊。而此及齊師戰。固不須稱公也。非諱辭。我師敗績。是經文定例。卽言公敗績。豈成語哉。諸家文外生義。可厭。

齊人取子糾殺之。魯既爲齊殺子糾。齊安更使使來告之。且殺子糾。固齊志也。非以求管仲。故爲之此據實而書。何干管仲事。註皆謬。時史亦非。

傳。管召讐也。讐不必一矢之故。管召一也。

十年經。公敗齊師于長勺。曹劌之制戰。未可爲權譎。且傳例不相通者亦多不必穿鑿作說。　蔇盟者大夫也。伐我者桓公也不得言背盟且蔇盟納子糾也而齊拒之魯殺之魯何辭之有此傳註及經次于郎註並謬。

荊敗蔡師。　楚不稱將帥外之也告辭之不合禮不知何據。

傳小信未孚　孚者信之徹于彼也。

十一年經宋大水　經書以來告也不干於魯使有無。

傳敵未陳曰敗某師　大崩曰敗績　未陳偏以敵而言。不干我事故上揭敵字也註彼此不得成列誤又言成列而不得用是文外生義不可從杜蓋據長勺之戰而牽合耳。敗某師、取某師、及克、皆從勝者而言。唯敗績、從敗者而言。是傳例亦唯可意迎矣。即從勝者言之、雖大崩。唯曰敗某師而已、不得曰敗績某師。從敗者言之、雖非大崩、亦唯曰敗績而已。是傳例難據明矣。且諸處不相通者亦多矣。註多牽合而附會焉。益見其不通。

得雋曰克。覆而敗之。得雋謂禽獲其軍中雄雋將士也。叔段出奔、不可曰得雋、不得據作說。但春秋段外無書克者、不必回護。按隱元年傳釋克段曰、如二君、故曰克。是與得雋曰克自是兩義、而不相通者。杜乃互相證、兩失之矣。覆謂掩襲擊不意也。非一軍皆禽之謂。

若皇瑗取鄭師。別是一義。

若之何不弔。猶言安得不相弔也。

其與也悖焉。悖勃通。

吾弗敬子矣病之。病憎惡憂患之義。

十二年經。紀叔姬歸于酅。歸是還歸之歸。非謂嫁爲歸之歸。夫未亡人還夫家。惡得以初嫁爲文。苟執初嫁之文。是更嫁紀季也。大驚人聽。春秋必不然。

宋萬弒其君。凡葬魯不會則不書。不干其治亂。弒君之賊書名罪之也。豈問其卿位與否。註於前年言未爲卿。此乃以萬爲卿。蓋臆度已。

傳。蕭叔大心。 顧炎武曰。大心當是其名。而叔其字。亦非蕭大夫也。二十三年。蕭叔朝公。解曰。蕭附庸國。按唐書宰相世系表云。宋戴公生子衎。字樂父。裔孫大心。平南宮長萬有功。封于蕭。以爲附庸。今徐州蕭縣是也。其後楚滅蕭。 按顧說似得。當但大心未平萬之前。或爲蕭大夫。後因封之。與是未可知者。

十四年。經。單伯會齊侯。 此據實而書。何須註家紛紜。卽欲不歸功。其如之何。

傳。殺鄭子。 子儀在位十四年。而不稱弑者。以厲公在外而歸重也。不然。雖以篡弑之君。或微弱之甚。不得以未

成君待之四年稱鄭伯者胡傳以爲厲公理或然

其氣燄以取之　林註子儀在鄭常畏忌厲公之奪其國

其畏忌之氣燄足以致蛇妖之異　燄火氣也氣燄謂

氣之燄燄者

與伯父圖之　謂計議諸人陞遷之事

惡之易也　其猶可撲滅　今尚書無惡之易句蓋謂易

滅也　書傳言其勢燄雖盛而殄滅之不難也　此引

書言蔡侯一言滅息其勢燄若不可鄉邇而殄滅之亦

甚容易也非斷章取義之類

十六年傳不可使共叔無後　不能衛其足　叔段有何

一本。又按。于鄄益錯。文當依盟下。公于而送之。必非微者。

功德。而必立後也。不譏不能衛頸。而譏不能衛足。皆當時之俗論矣。

以一軍為晉侯。　始列於諸侯。降其等比小國也。非其國實小。

十七年經。執鄭詹。　合註。不稱行人。非使也。

十八年傳。不言其來。　諱為戎狄侵伐。故不言其來也。非始不知之。

十九年經。媵陳人之婦句于鄄。遂及齊侯宋公盟。　合註。媵送也。陳人微者。　蓋曾人之女。有嫁于陳人者。而結送之。適齊宋為盟于甄。結過甄。權宜與盟也。

傳葬於經皇　宣十四年屨及於窒皇蓋與經皇同楚門舊有是名而墓門亦因名焉耳

可謂愛君　只是美其愛君耳如臣法左氏未論及註謬

二十一年經姜氏薨　註薨寢二字當削正義曰夫人薨葬之禮有赴同祔姑反哭三事而已僖八年傳加以薨寢殯廟者說致之禮也意自別

傳享王于闕西辟　辟壁同

二十二年經殺其公子御寇　御寇有罪無罪傳不明言今無可考然顓孫敬仲以其黨出奔則似有謀者即有罪其不稱君父固其宜也立為太子若未宣於諸侯則

告辭稱公子亦其宜也是皆未可知者註恐鑿

夏五月　恐四月之訛寫顧炎武曰書五月史闕誤

傳翹翹車乘招我以弓　翹翹秀起貌車之壯也　車中人適揚弓以招我耳是車非爲迎我而來又聘士以弓於禮無據

飲桓公酒　敬仲請桓公飲酒于其家有何不可註乃深探其實而考彼此之辭何也又下文周史註以爲大史夫大史史之長官猶樂師之有大師也衆史亦多其見陳侯何必大史是等細故雖不足辨亦可以見註家之汰橫

不繼以淫。淫樂之過也。既飲而樂。又以火繼之。是之爲淫耳。不可專以夜飲爲淫。

鳳皇于飛。鳳爲鳥王。故加之以皇字耳。故古無凰字。鳴雄之說。蓋附會已。但此云和鳴。則固自有雌雄矣。

蔡出也。蔡女所生。故謂之蔡出也。非指姊妹之子。他並倣此。

有山之材。在天之下而高於土。且有材。非諸侯孰能當之。故曰觀國云云也。

成子得政。成子得政。尚不足當賓王之占。傳不終言田和篡齊之事者。蓋以其在春秋之後。劉炫曰。計春秋之時。卜筮多矣。左氏所載。唯二十許事。其不驗者。不載之。 李笠翁曰。怪迂論特數史賤人所爲。抑好事者睹其成敗。追合之云爾。

二十三年經。如齊觀社。 社時俳優諸戲之觀耳。如蒐軍實。恐不必然。

荊人來聘。 荊夷也。故賤之。書法固當然。非不成禮之故。

傳。諸侯有王。 王。如來王之王。謂朝于天子。

二十四年經。刻桓宮桷。 桷楹間橫木。與椽不同。

夫人姜氏入。 夫人後入者。蓋侯供帳備具也。以丹楹刻桷推之。供帳之盛。可想見矣。則公至之後。容數日營辨。

如公羊要公之說恐鑿。

曹羈出奔陳。 特稱曹羈，是必當立者也。立而踰年，宜稱爵，今不稱爵者，豈因國亂未定位與。此無傳，不可臆斷。

傳。大者玉帛。 玉特達者圭璋，已璧則加於帛，故禮之盛者稱玉帛也。不當據位次分屬。

榛栗棗脩。 女職在中饋，故其贄亦菲品，已不敢與玉帛之事，是爲告虔耳。註取名示敬，謂栗取其戰栗之類與。即宰我所以受不諫不咎之呵，復奚做焉。

二十五年傳。鼓用牲于社，非常也。 顧炎武曰，非常者何。蓋不鼓于朝而鼓于社，不用幣而用牲，此所以謂之非常禮也杜氏不得其說而以長曆推失閏此則咎在司曆不當責其伐鼓　假令長曆可據當時旣以是月爲六月則正月矣日食斯伐鼓何非常之有況不可據乎按胡傳曰鼓用牲于社何以書譏不鼓于朝而鼓于社又用牲則非禮矣是全據左傳也傳意本只如此而杜註淆之耳

唯正月之朔　是五句季平子亦云見于昭十七年而文字有詳略豈古有是語而引之乎　唯者謂餘月不與也　正月猶言陽月也正字卽謂陽也猶謂陰爲慝也不可解作正陽之月古者未以陰陽語氣只正慝云爾

文十五年。昭十七年。並正月日食。當參看。

日月之眚。　謂日食月食也。而意重在日食。昭十七年。三辰有災。與此同。非月侵日之謂。

二十七年經。杞伯來朝。　程沙隨曰。小國自貶其爵。以從殺禮。　他並倣此。又見于僖二十二年。

傳。非展義不巡守。　巡守自有義。禋祠覲會慶罰黜陟。皆是非徒事游觀也。

賜齊侯命。　九命以下皆曰錫命。如元年來錫桓公命。是也。不得據晉文爲例。

二十八年傳。外嬖梁五。　外嬖與內嬖對。以內外別男女也。閔二年。內寵並后。外寵二政。與此意同。註。視聽外事。謬。　按昭十七年。晉厲公多外嬖。註。外嬖愛幸大夫。得之。此何爲迂其解也。是不可曉者。　二五。嬖賤者非大夫。五亦不必其名。

蒲與二屈。　二字必有所指也。凡地名。有北必有南。有西必有東。如南北燕東西周之類。皆是晉時有北屈。則古有南屈必矣。或說當削。

使俱曰狄之廣莫。　是節亦屬上文。一時之語也。言如上所言。則使民戎皆曰狄之云云。不亦宜乎也。是民畏而戎不生心也。　顧炎武曰。都者大邑之名。註。出都之非也。

耽之不比爲旆。　旆。軍行先列之名。建旆爲幟。

冬饑　傳文前後何必拘拘。註瑣屑太甚。

凡邑有宗廟。　邑字泛包縣邑爲言也。註引周禮。失當。

大縣邑都會之地。謂之都。不以廟之有無。上文蒲屈稱都。蒲屈豈有廟哉。此傳例他處不相通。蓋左氏之妄云。姑據文解之可也。

一本。無紀叔姬一條。

二十九年。經。紀叔姬卒。　當時紀國再造。事在二十七年。註謬。

傳。有鐘鼓曰伐。無曰侵。　此傳例不可相通。蓋左氏之妄。

一本伐者下有謂整師旅而但著不必九字。一本罪之有無作師之正不正。

伐者鳴其罪而誅責之也侵者以師衆入其地而攻擊之也固不拘罪之有無並有鐘鼓

三十年經齊人降障　降者易詞也蓋以師臨之即降服也註遙脅不可從

傳執而梏之　首曰梏手曰拲足曰桎是爲三木不可以梏爲手械襄六年宋樂轡以弓梏華弱于朝謂以張弓貫頸如首械也說文謬以梏爲手械後儒沿之皆謬

三十一年經宋獻戎捷　獻禮自有儀但不必以獻爲奉上之事夫齊桓霸主何爲尊敬魯侯

三十二年經城小穀　顧炎武曰小穀不繫齊疑左氏誤

范甯解穀梁傳曰小穀魯邑春秋發微曰曲阜西北有故小穀城按漢高帝以魯侯禮葬項王穀城當即此地春秋四書穀而一書小穀別於穀也又昭十三年傳曰齊桓公城穀而寘管仲焉則知春秋四書之穀及管仲所封在濟北穀城而此之小穀爲魯邑爾況其時齊桓始霸管仲之功猶未見於天下豈遽勸諸侯以城其私邑哉

慶父如齊　國喪大夫適隣國謀事亦其宜也何必假赴告

傳築臺臨黨氏　土功亦有大小小事不書春秋之例也

是臺。蓋苑中小臺已。何足書策。亦何論告否。

投蓋于稷門。　劉炫曰。蓋車蓋也。如杜此說。勁捷耳。非有力也。　按。孔疏駁劉說曰。車蓋輕而帆風。非可投之物。不知能投輕帆者。乃所以爲多力也。

以死奉般。　舍子而立弟。非禮也。況慶父莊公之庶兄。無當立之理。季友欲立般。出於禮義之正也。註乃云。毋弟故欲立般。何視季友之淺。

子般卽位。　卽位。謂立爲君也。哀三年。季孫卒。康子卽位。與此同。與元年卽位。自有不同。

閔元年經。仲孫來。　來省難。不可謂非齊侯命。但非聘使

耳故不稱使也二年有齊高子來盟當併考若以事出疆因來省難是註家鑿義不可從

仲孫　疑湫之氏傳本必先顚　必疑心之譌

辛廖占之　辛廖之位豈必大夫凡諸人未辨其位次者註概言某國大夫猶言某國臣也是杜之一癖宜恕以通例勿泥他並傚此

必復其始　公侯之子孫將復爲公侯是以魏後建國而言非特謂子孫衆多　作左傳在三家分晉之後故云此非丘明之一證陳完之占當併考

二年經吉禘于莊公　吉禘必於大廟此爲莊公禘故曰

于莊公也。三年喪畢。致新主而禘禮之正也。今禘速也。則是致主亦速也。雖非禮之正。亦其宜也。註別立廟無證。不可從。

夫人姜氏孫于邾。　哀姜非外淫。註不可曉。　王荊石曰。身負大惡。畏齊桓。故不敢歸齊也。

鄭棄其師。　合註。鄭伯惡其卿。而不能退之以禮。兼棄其人。失君之道。故書棄其師以譏之。　註克狀告鑿甚。

傳。問于兩社。　謂季氏居第在兩社之間。若公宮右社稷左宗廟。不得兩社夾之。

季氏亡則魯不昌。　當季友未生卜人何由知其字季也。

又何由知其後世子孫。以李爲氏也。亦可以見後人之傅會。亦察聽之奇案矣。

遂滅衛。　註穿鑿可厭。其不書滅者。經註已斷之。此何別求。

君失其官。　官。猶職也。帥。師。是君之職。而使太子爲之。是謂君失其官也。承前文君與國政句而言。此不帶國政。略也。

告之以臨民。教之以軍旅。　臨民軍旅。並以今年伐皐落氏而言。御衆爲臨民。戰陳爲軍旅。其實一事矣。若曲沃下軍。是在前年。非太子所懼而問焉。里克弗可以此爲

秖以以下。附註。作杜説誠大拘矣。寬按秖以下恐誤

對。

服其身。用其衷。佩之度。閟其事。服者親近之義。下文遠其躬與此相應。衷中心也與前文同。劉奉世曰。度謂佩之合法度。閟壅遏之義。

外寵二政。大都耦國。陸貞山曰古人援證前聞皆取其大致不必事事符同秖以内寵嬖子二事。二五之寵未足爲二政又以曲沃爲大都充亂本之數是非所以語申生註並謬。

危身以速罪。戰危事也勝不可必卽敗則身或死不死亦有罪是惟陳敗軍之害未言及有功之害。亂本旣

成故戰勝亦不得立苟敗死亡立至是以其言如此非怯懦

大布之衣　陸貞山曰大布大帛言其朴儉耳

僖元年經獲莒拏　按傳例凡稱弟者皆母弟然則拏是異母弟故不稱弟也傳云非卿也嘉獲之也是釋特書之意耳言拏雖親非卿是不宜書者但嘉其功故特書之也非謂以非卿故不稱弟也註既謬正義黨於杜遂云明諸言弟者皆卿也其謬益甚　非卿則不應書者況對士大夫而言可也夫國君之弟其貴寵雖曰任卿之上可也獲之安得弗書何必問其位祿焉左氏之言

固難從

傳虛丘之戍　虛丘蓋在境上故以師守之耳與送哀姜自是兩事不可牽合

莒人來求賂　蓋曾許賂而弗與也故來求之曲在魯

二年傳屈產之乘　乘猶言馬也非語其數但其數則四矣昭二十九年衛侯來獻其乘馬謂其所乘之馬也又有乘馬服劍之語可併按

伐鄍三門　服虔曰鄍晉邑也冀伐晉虞助晉人伐冀師故言冀之既病則亦惟君故將假道故稱前恩以誘之

楚人伐鄭　傳文侵伐每通用勿過求他並倣此

三年經如齊蒞盟　穀梁傳蒞者位也註盟誓之言素定今但往其位而盟是解未粹　蒞與蒞殺之蒞同奉君命往監視其盟也凡稱蒞盟皆非歃者而不歃血者非不全歃而其歃是侍食之類不入于盟、

傳來尋盟　是亦來蒞盟也非徒求焉凡蒞盟彼此各遣使不然不成盟以蒞者非盟者也

四年傳風馬牛不相及　謂地之遼遠也非微事之謂

賜我先君履　林註征討諸侯所得踐履之境界東界則至于海西界則至于黃河今淮南有故穆陵門是楚之境無棣在遼西孤竹楚旣以涉地何故爲問則齊不應

歷言受封境界以自狹。當以征討所至爲正。

無以縮酒。 郊特牲縮酌用茅明酌也。鄭玄曰：泲之以茅。縮去滓也。 註以灌解縮。謬。

南征而不復寡人是問。 膠舟之變何不之知。縱令諱而不赴亦一時之事耳。至齊桓之時豈全然不知其故哉。 顧炎武曰齊侯以爲楚罪而問之。

方城以爲城。 方城漢池誇天險也。註失語氣。

資糧屝屨。 劉熙釋名齊人謂韋屨曰屝。

葬之以侯禮也。 死王事加二等。 侯字句禮也斷辭。許穆卒于師是亦死王事也非朝會之比。死王事不必臨難隕命。按孟子天子一位。公一位。侯一位。伯一位。子男同一位。凡五等。許穆男爵而侯葬。是加二等也。註上中下等。蓋杜撰。不可從。

有以衮斂。是以類推說也。非許穆之事。亦由死者而等之。何必二等。

吾又不樂。是申生不樂也。文意分明。註迂曲大甚。不知何謂。

五年經。杞伯姬來朝其子。是爲朝子而來。非歸寧常事。經直書。不須別解。又註不成朝禮。恐謬。苟不成朝禮。經不得題朝字。

傳。公既視朔。　視朔朔與告朔稍別。既告朔而後聽朔政。聽政即視朔

分至啓閉。　啓謂啓蟄。閉謂閉蟄。

憂必讎。　顧炎武曰。讎應也。如詩言無言不讎之讎。漢書律歷志註。相應爲讎。

宗子惟城。　何城如之。　宗子爲國之藩屏。猶城也。　固宗子。即是堅城。無復城如之。

一國三公。　謂申生重耳夷吾爲三公也。士蔿蓋不知驪姬之謀。但視蒲屈之彊。意後將作亂。與申生爭國也。又自迷於所從。而數國事耳。非謂城築之事。

如字娶焉。　如字。非聘也。故傳以娶焉實之。杜氏何以知其因聘也。可謂杜撰矣。所謂卿非君命不越竟者。無外交之謂也。如婚姻當别論。不必拘此語。

輔車相依。　正韻曰。輔。兩旁夾車木也。　車所以載物。輔所以夾持車上之載。夫頰顋爲輔者。以夾持口食。似輔。故借而名焉耳。牙車亦然。　傳遜曰。頰輔牙車。借名之耳。非眞名也。宮之奇意在取喩。不應復以物之借名爲言。且與脣齒亦重。詩曰。其車既載。乃棄爾輔。又曰。無棄爾輔。員于爾輻。則車輔相依。固詩人所詠。與脣齒二物。並以取譬。不更明乎。

大伯虞仲　註以虞仲爲大伯之弟。似與仲雍一人。仲雍未封虞。不容稱虞仲。蓋虞仲是仲雍之孫矣。即亦大王之昭矣。按史記。武王克殷。求大伯仲雍之後。得周章。周章已君吳。因而封之。乃封周章弟虞仲於周之北故夏墟。是爲虞仲。

王季之穆。　註以王季爲大伯母弟。無據。不可從。按史記、古公有長子曰大伯。次曰虞仲。大姜生季歷。是爲異母明矣。

藏於盟府。　府庫也。

龍尾伏辰。　均服振振。　日月星之舍次。皆謂之辰。不必日與月之會。此只謂星之舍次。而伏者因日光。非干月。

伏辰。猶言伏其次也。　均袀。袀同。我服也。漢書五行志引此作袀服。師古曰。袀服。黑衣。吳都賦。六軍袀服。後漢輿服志。秦以戰國。卽天子位。滅去禮樂。郊祀之服。皆以袀玄。

鶉之賁賁。　天策焞焞。　火中成軍。　賁賁。鳥飛貌。焞焞。明貌。　成軍。謂勒兵整旅。是方戰之事。非成功。　註兼亂之下以下數句。當削。其言益於世教。迂怪甚。

九月十月之交。　交。際也。謂九月之末。十月之首。是略推干支。以丙子當在九月十月之際而言。未遑察合朔大小盡也非的知丙子爲十月朔而故爲是悠悠之語註晦朔交會謬。

六年傳所以不時城也 顧炎武曰實新密而經云新城故傳釋之以爲鄭懼齊而新築城因謂之新城也 新城蓋當時之稱猶曲沃謂之新城也經從所稱而書無意義。 傳遜曰齊桓於此本責鄭之從楚何暇責其以不時興役。

面縛銜璧。 縛手於前謂之面縛縛手於後謂之背接或謂之反接反接見于陳平傳。 面縛只裝因容而已非眞繫故自縛者皆面縛。 啣璧以示含也喪禮内璧于

死者口中謂之含是與輿櫬同義非以爲贄

七年傳官受方物　官猶職也謂隨其位次職掌受方物品數非指有司按哀七年茅夷鴻曰魯賦八百乘君之貳也邾賦六百乘君之私也十三年子服景伯曰敝邑將改職貢魯賦於吳八百乘由是觀之此方物是貢霸主也非天子

鄭有辭　謂理直不屈

作而不記　亦以列國而言不特齊史縱惡其姦命列國不記之亦是可羞之行非盛德之事

八年經禘于大廟　是吉禘也元當喪闋即禘哀姜有罪

魯人疑之。故緩至此耳。經書用致夫人，可知此禘爲致夫人而設也。則非吉禘而何。三年大祭，是無稽之說。禮緯爾雅註有五年一禘之說，杜乃別創三年一禘之說，謬之又謬者。禘除吉禘之外，是四時祭之一，非大祭，說別具。

傳敗狄于采桑。復期月。或曰敗狄在是歲，期年一周年，期月一周月，言驗速於言也。

不殯于廟。廟謂殯宮，本是人居。哀姜書薨矣，然薨于夷，齊人以歸，是文之大變，難以爲殯廟赴祔之證。且哀姜罪人也，其禮有闕必矣。註不可從。

九年傳。凡在喪。　喪字。暗指未踰年者。古無旣葬除喪之說。又非謂三年之喪。二十五年。會衛子。當併考。

賜齊侯胙。　是所以禮覇者。不必比二王後。

以伯舅耋老。　耋老謂大老。不必限年數。

天威咫尺。　天威謂天子之威靈。使命在顏前也。

隕越于下。　王荊石曰。下卽對堂上而言。言我僭越拜於堂上。則神靈不安。必隕墜於堂下矣。　隕越。有僭妄取神罰之意。不止神靈不安。

其在亂乎。　宰孔言。齊桓必不西矣。若其西來。必須西方有亂也。晉能治國。勿使亂作。斯可也。何必勤於遠行焉。

是與下文齊伐晉及高粱相應。

藐諸孤。　陸貞山曰。藐。弱小也。　諸。語辭。與忽諸之諸同。藐諸。猶言眇然也。孤指奚齊。　古人用諸字。或全與之同。或全與乎同。蓋音相近故耳。

辱在大夫。　卽謂傅奚齊也。言既屬奚齊于子。我死。子能奉爲君否。

耦俱無猜貞也。　貞訓正固。乃純一不變之謂也。不可偏訓正。

能欲復言。　顧炎武曰。言欲踐其言。自不得愛其身。

殺其君之子未葬也。　縱令既葬矣。未踰年也。仍是未成君矣。不得稱弑君。凡未成君。因未踰年也。不因葬。經稱卓在次年。必是事實矣。傳謬爲是歲之事。故均未踰年者。而或殺或弑。不得其解。於是遂有未葬之說也。是左氏不可信據者。且獻公以九月卒。則十一月以前恐未可葬。

斯言之玷。 合註。荀息不顧事之非正。而惟以不食言是以君子惜其前言之失。不可復治也。

令不及魯。 此二句是解釋之語。非發例。

亡人無黨。 此二句泛論亡人者不當有黨者也。以破誰恃之問。

其言多忌克。言者。指無黨之語。然其實非夷吾之言。

十年經弒其君卓。既踰年故稱君。以弒是決今春之事矣。傳以爲前年之事。葢謬說。已見前。

傳。寳爲不從。謂不服從於秦。

十一年傳。賜晉侯命。受玉惰。賜命。錫爵也。玉乃使者之瑞圭矣。諸侯繼位。自有瑞圭。天子豈每賜之哉。他倣此。

十二年傳。王曰舅氏。應乃懿德。謂督不忘。舅者。稱異姓之通言。註迂回。應膺同。督謂輔佐王室也。不忘猶不廢也。

世祀也宜哉 是後人覩管氏世祀弗絶而歸美於管仲也言其禮讓獲神祐云爾非管仲生存之時有是論也

管仲子孫雖不大顯然成十一年有管于奚哀十六年有管脩蓋管氏綿綿不絶於齊也其世祀明矣又聲伯之母嫁于管于奚則于奚非賤人必矣杜乃以管氏子孫無正卿爲絶祀又以是論爲無驗不亦謬乎 世本曰莊仲山生敬仲夷吾夷吾生武子鳴鳴生桓子啓方啓方生成子孺孺生莊子盧盧生悼子其夷其夷生

襄子武武生景子耐步耐步生微

愷悌君子 愷悌樂易也是意解耳樂易二字不可分屬

一本無季姬一條

若必下字註宜言悌弟也友順之意

十四年經季姬及鄫子遇于防　胡傳季姬書字而未繫諸國其女而非婦亦明矣内女而外與諸侯遇譏魯也鄫子國君而季姬使之朝病鄫也蓋魯侯鍾愛其女使自擇配　按胡氏本于公穀二傳其說似可從

傳季姬來寧　據左傳後年書歸是還歸之歸非謂嫁爲歸之歸註更嫁之文無所當

虢射　傅遜曰杜謂虢射惠公舅疏以晉語惠公稱射爲舅故杜本之考晉語韋昭註云諸侯謂異姓大夫爲舅則通稱耳前言小戎子生夷吾虢射既非戎人非惠公

舅可知。

十五年經。公如齊。　僖公十年如齊至是復如齊是爲五年一朝則可註不可曉。

獲晉侯。　凡諸侯書執者或於會或於國如衛侯虞公是也如晉侯是野外陣上擒獲之者其書獲亦其宜也不必言從臣例。

傳。不書朔與日。　不書朔者食在朔之前後日也說見于隱三年。　不書日者是後世傳寫之失耳若當時史官欲失之而不能爲傳以爲官失之妄已。

卜徒父筮之。　卜人固兼筮何不通易之有且侯車敗个

一本晉前上有秦敗二字而無秦師二字

乘三去安知其非連山歸藏也註不能通三易葢妄已

劉炫曰成十六年筮卦遇復云南國蹙射其元王中厥目則筮法亦用雜占不必皆取周易

侯車敗　車敗是軍敗之象猶雄狐爲晉君也不可泥車字

夫狐蠱必其君也　傅遜曰狐蠱雄狐之誤

三敗及韓　晉前軍三次敗績而秦師深入也註泥占辭爲晉侯車壞非也且卜右在及韓之後則三敗之戰晉侯未嘗臨陣也

晉之妖夢是踐　狐突見大子亦夢之類故此泛稱妖夢

耳本非實際無可詰問註不寢而與神言故謂之妖夢
拘甚且文意不通　踐如字履行也
登臺而履薪　登臺自固也以絕人救應焉履薪坐于薪
上也以亦將焚死註謬甚
使以免服衰絰逆　使人齎喪服以迎秦伯也意謂我死
秦伯當服是服耳以要之也以字可見其意下文喪歸
句與此相應
上天降災　舍諸靈臺　釋文貞曰上天降災四十七字
撿古本皆無晁杜註亦不得有有是後人加也　周之
故臺蓋既廢而靈臺爲地名也縱令臺存亦舍之臺傍

之地耳。舍靈臺謂舍之外不以入也非抗絶且既曰舍必非寘之臺上。

我食吾言。重怒難任。食如字言而廢之是復吞食其言也。重去聲上下皆同任負擔之也。

衆皆哭。聞卜貳之語皆悲哀不待問哀何事且上有雖歸句則非哀不還明矣。

作爰田。州兵。爰田州兵其制置之方傳無明文殊不可揣量文義亦不可解註皆屬臆度不可從。

士刲羊。震之離。士刲至無相也爲繇辭其韻可撿蓋小象之類云正義以爲史蘇衍卦意而爲辭非也。震一本。次作㓜。

之離以下乃史蘇之言。

車說其輹。 輹轅本所交于軸處即當兎說輹即脫轅也。

姪其從姑。 劉用熙曰震變爲離是姪從姑之象此但取男女爲姑姪非取長次義也。 註於次爲姑不可曉。

明年其死。 明年子圉歸之明年也承上文意自分明若惠公死上下文無所下蓋懷公歸比死於高梁間一歲杜蓋以不應故插入惠公死耳牽合大甚夫古辭亦謂大槩耳間一歲亦不妨於爲明年。 死字作句是欹語之法。

及可數乎。 勿從何益。 詩曰下民之孽。 及謂惠公及乎禍與上文不及此相應言先君之敗德可以及乎禍者不可舉數也則史蘇之占縱令從之亦無所益也無從可也獻公敗德多後嗣必當受禍也　引詩亦尤獻公也

展氏有隱慝　左氏深信妖祥奉之如律令杜氏則不甚信之輒回護作說故其解多齟齬皆不足辨他並倣此

此一役也　一役句緊接下文一役猶言一舉也指貳執服舍言秦定霸業在此一舉也　服虔曰一役者統韓戰之役也本上貳而執之服而舍之而言

箕子　傳曰箕子者紂之親戚也此註庶兄無據不可從

左氏雕題略卷一終

左氏雕題略卷二 據杜氏集解

浪速　中井積德著
唐津　山田寛校正

十六年經隕石于宋五。註用公羊傳論聞見前後拘甚。在地之驗亦泥。

傳隕星也。隕星非星亦非石。是流星靁火之屬地中陽氣挾沙土而上騰其迸墜光耀如星故謂之隕星也隕地光息頑然如石是砂土之燼塊故謂之隕石也。

六鷁退飛。退飛却飛也鷁能抗風者故遇迅風雖却飛而不披靡所以用爲舟飾是其性然也本非災異唯人不識之視以爲異也。

非吉凶所生。　言非人事吉凶所由生也。註大謬。

役人病。　病謂困弊也。非疾病。

十七年傳。女爲人妾。　妾女使之通稱。是對僕之妾。非對妻之妾。註不聘舛。

十九年經。盟于曹南。　曹南。曹之南。非曹地也。則曹伯非地主。又書曹人。是曹伯不親會也。乃不服之故。所以受討也。如不致餼。是註家臆度。不足據

邾人執鄫子用之。　註。以罪及民告。似臆度。不可從。夫傳例豈可死守哉。上文執滕子亦然。　劉炫曰。昭十一年

一本脩月作夏正仲

執蔡世子友用之不言岡山此何須云于社

傳存三亡國　曰薄德　傅遜曰三亡國謂衛邢與杞淮夷病杞已甚不遷將遂亡曾雖有慶父之變未至於亡不得在其數　屬諸侯大業也存亡國雖爲德未足以屬諸侯也謂德小而功大也非謂其德可薄

諸侯無伯　伯卽霸也

刑于寡妻　詩傳曰寡妻猶言寡小君也

二十年傳啓塞從時　如月令仲春脩闔扇孟冬脩鍵閉之類上文不時之時亦是非謂定中土功之時　造門是屬啓宜用寅月以後發生之時今用丑月以前閉藏

春五作孟春。

一本無經唯以下十五字。

之時。是爲不時耳。經唯書春而不具月。然亦可以意迎之。

二十一年經夏大旱。經傳說旱皆在夏。杜何以知其及秋也。可謂妄矣。雩不獲兩句。亦蛇足。

楚人使宜申來。不稱楚子。外之也。註不稱君命。是何義。他並倣此。

一本戒會期作徵盟

公會諸侯。上文楚人獻捷。是時蓋戒會期也。他未見無會期之證。亦杜撰云。縱令無會期。與書法何干。註故書句。不可從。

傳。巫尫。尫本疾子。故以爲巫。使之得食也。則巫尫是一物。戴記分爲二物。其說與此不相通。

務。稽勸分。林註以稼穡爲務。

服事諸夏。陸貞山曰猶言服事殷耳。不必更言王事。

蠻夷猾夏。紓禍也。邾之爲夷昭昭。不須極言。釋文。杜註所引是叔孫婼語。豹宜爲婼。紓緩也。

二十二年傳大司馬固諫。弗可赦也已。陸貞山曰大司馬即司馬子魚。史記世家以爲子魚之言。晉語雖有司馬公孫固考世家。猶在戰泓之後。固諫猶固請也。弗可赦也已。言違天舉事。必將獲罪。勿可赦宥也。

三軍以利用也。金鼓以聲氣也。利是利害之利。謂見利而進也。劉用熙曰聲宣也宣唱士卒之勇氣。

示之俘馘。馘斬首也截耳曰聝。

戎事不邇女器。戎事總言之不止俘馘。

加籩豆六品。謂定禮之外所增加之籩豆有六品。

二十三年經杞子卒。杞侯既絀爲伯又絀爲子蓋以國小自貶而順適於大國之意也當時必有事實也必非孔子貶辭傳恐難從他並倣此

傳期期而不至。上期字句斷立之期也期而不至謂及期而不至也史記乃令國中諸從重耳亡者與期期盡不到者盡滅其家是也。傳遜曰懷公忮懻秦晉密邇

豈遠其期至期年乎。蓋懷公以意限之期至所期而不至。乃殺之。突意在必不召。蓋已及其所限之期矣。

策名委質。管子。令諸侯之子將委質者皆以雙虎之皮。晉語。委質於翟之鼓。韋昭註。質贄也。

辟不敏也。敏如字。與謝不敏之不敏同。赴辭有失而不之正。謹之也。若一一而正之恐吾却有失也是爲辟不敏。

保君父之命。有以人而校。保猶有也。校猶抗也。

從者狐偃。傅遜曰。狐毛賈佗功不在顛頡魏犨下也想五人從公子在一時。而毛佗或稍後。遂因而逸之耳。杜乃妄以此斷何謬乎。下文有三士足以上人。杜據國語以爲狐偃趙衰賈佗。則此註之謬可知矣。

姜氏殺之。恐其未去而言泄故。

欲觀其裸。浴。薄而觀之。釋文一通裸字絕句。釋文薄簾也。晉語。諜其將浴。設微薄而觀之。

若以相夫子。陸貞山曰。當在夫子爲句。

盍蚤自貳。貳謂私事重耳。如懷貳心之貳。但非姦慝耳。

若不獲命。謂楚不肯放過也。亦辭命之婉語耳。勿泥說。後倣此。

賦河水。詩逸。不得其辭。而強解其義。人謂杜不妄。吾弗

一本詩逸作逸詩

信也。

二十四年傳其知之矣。　猶言知道理也不偏屬君道。

余何有焉。　謂無所顧忌也。

實紀綱之僕。　實猶信也實之之辭言其所遣皆秦伯紀綱幹人也綱綱綱也紀綱目也以喻治理幹辦之義。

請其二子。　請進止之命也。

上下相蒙。　蒙蔽也。

公子士洩堵俞彌。　二十年公子士洩堵寇帥師入滑註洩堵寇鄭大夫蓋卽俞彌矣此註云堵俞彌鄭大夫似以洩字連士字爲公子名是偶然之誤。

弔二叔之不咸。不咸猶不類也。

糾合宗族于成周而作詩。古來以常棣詩爲周公所作。周語亦云。周文公之詩。但左氏明言召穆公作詩曰常棣之華云云。是以爲穆公所作也。彰彰矣。註泥舊說。牽强爲解。言召公作此樂歌。又云。周公作詩。召公歌之。歌之豈可謂作詩乎哉。夫内外傳異同亦多。不特此而已。各隨文而解焉可也。不必相援據。陸貞山曰。所傳異耳。

鄂不韡韡。莫如兄弟。鄂。蕚同。不。柎同。承華者蕚柎。蕚足也。韡韡猶依依也。餘詳于詩說。是詩以華之韡韡。

與兄弟和順也以言人之相與豈有如兄弟者乎註失語氣。

棄嬖寵而用三良。　子華國儲不可入嬖寵之數且雖有罪而殺世子非美事此非所宜舉嬖寵兩字又不可分屬。　棄嬖寵恐當時別有所斥也不必申侯申侯以讒死難以譽鄭伯。　正義如杜此說則謂鄭伯尊賢與傳文尊賢乖異蓋云用三良是鄭伯之賢王當尊之。

猶曰莫如兄弟。　猶懼有外侮　據傳文此並推本周公所以封建之意而言也而召穆公述是意以作詩也故下文結之曰召穆公亦云也非周公實有是言而召公再述之。

王御士將禦之。　御士。謂宿衛之士。襄三十年。單公子愆期為靈王御士。可見其非賤役。　正義周禮無御士之官。

好聚鷸冠。　獲罪於君父。而弗懼思。又好奇服。以自飾。無忌憚之甚。鄭伯之惡以此也。傳論未中窾。

不稱其服。　引詩斷章。唯取其服不稱於禮之義也。非謂德不稱於服。夫聚鷸冠。豈有可稱之德乎哉。

省視官具。　傳遜曰。言省視則備辨之意在其中。以官司對器具。而以省視貫之也。杜以具為活字。用非也。

二十五年經衛侯燬滅邢。朱子曰：諸侯滅國，未嘗書名。衛侯燬滅邢，說者以爲滅同姓之故。今經只隔夏四月癸酉一句，便書衛侯燬卒，恐是因而傳寫之誤，亦未可知。

公會衛子、莒慶盟于洮。衛成公立未踰年稱子，固其所矣，不可生別義。正義：八年盟于洮，杜云曹地。三十一年魯始得曹田，此時不得爲魯地，註誤耳。

傳禮至爲銘。左氏只記事耳，無惡之之意。

今之王，古之帝也。言今所謂王，卽古所謂帝也。然則周王當帝兆耳。註失語氣。

辭秦師而下。上下。以地勢高卑而言。不必沿流遡水而後言上下。

王章也。章仍是文章之章。非章顯之章。傳遜曰章典也。云王制耳。

戎商密。傳明言戎商密而不言屯析。屯析者。杜撰。

過析。隈入。昬而傳。析近商密。商密所恃以爲聲援者。故僞取析者。以懼商密人也。隈曲也。是地勢適有便利。猶間道也。不必爲隱蔽。隈入析而係人。非析人而誰。註謬。昬而傳者。以其所係賤隸而非戰士。不欲令知之也。

歃血加書。申息師在商密城中。故僞與二帥盟者。以離間城中人也。故商密人懼而降。子儀子邊亦就擒耳。傳曾不言實取析。血書蓋在商密城下爲之。故城中人得知之。子儀子邊若在析。宜在析盟。則城中人焉知之。即言諜知之乎。則析之不取。亦可諜知矣。是皆不通。

追秦師。秦晉旋師。不必同途。抑下商密。因二公子。皆是秦而晉弗與焉。則楚之所讎在秦。不在晉。故追秦師而不追晉師。固其所矣。非兵主之謂。

原伯貫。伯爵。貫名。前年有原伯毛伯。昭十八年。有原伯魯。

修衛文公之好。且及莒平也。　好。謂魯衛之好。曰修好。曰且及莒平。分明是兩事矣。註文公將平之。降名行事。並杜撰。

以壺飧從。　徑餒。　釋文一通從絕句。　傳遜曰。徑餒。遂中饑也。

二十六年經。如楚乞師。　乞者鄙辭。非不保得之謂。

傳。室如縣罄。　如。如字。罄當作磬。　釋文罄亦作磬。　劉炫曰。如磬在縣下。無粟帛。　魯語罄作磬。韋昭註。府藏空虛。但有榱梁。如縣磬也。　據室字。劉解爲優。蓋以縣喻室。磬喻人。室中除人外。無所有也。　傳遜曰。計其時魯必有旱荒。史佚之耳。杜不推而謾解也。以二月故室野如此。則無國無歲不然。何獨魯恐乎。

大師職之。劉用熙曰。謂周之大師主之。不必專謂大公。

不祀祝融與鬻熊。劉炫曰。自祝融至鬻熊。其間有一千二百年。何得止十二世乎。禮支子不祭。熊摯已别封。則祝融鬻熊。宜不祀。所謂何祀焉。未可作飾辭文過也。然禮壞樂崩之時。是非無準。而取舍失宜。又況楚變蠻夷之習俗。不悉奉周禮。豈變當礿嘗祀焉。而此時放佚廢祀。以獲罪者歟。不然。楚曲而變直。

宋以其善於晉侯。春秋之時。其親盟誓。猶不足恃。況贈馬在宋爲先世之事。不得援爲證。必是當時別有事實也。

二十七年傳不廢喪紀。　謂會葬也。以經書葬故。

使子文治兵。　註泥使字。不可從。

蒐于被廬。　蒐閱也。與春蒐不相干。

夏書曰賦納以言。　陶虞之書古皆稱夏書。以其記于夏史之筆也。　賦尚書作敷陳也。

二十八年經不卒戍刺之。　刺誅殺也。古不以誅爲刑有罪之稱。古之刺字卽今之誅字。　周禮三刺。鄭玄曰刺。殺也。刺字與此同。但云用三刺之法則謬矣。　春秋魯之史記也。當時書之。亦安能使遠近知而信焉。註亦謬。

及楚人戰于城濮。 凡楚事略辭。皆外之也。註恥敗杜撰。

魯雖嘗與楚而刺公子買之後。明從晉也。則是役晉來告必矣。豈必待楚告而後書于策哉。且楚恐不必告也。

晉人執衛侯。 稱晉人。不罪晉之辭。註泥甚。夫傳例豈可死守哉。五年晉人執虞公。當倂考。

傳救衛不克。 不克。猶言弗及也。謂衛既服於晉。

殺子叢以說。 戍衛元以與楚也。今衛已背楚從晉。則子叢自不得弗引兵而還也。不須召之。蓋子叢自還而殺之因罪以不卒戍也。

曹人兇懼。　兇恟同。恐擾也。非形容其聲。

使問且視之。　病將殺之。　問訪疾狀也。視察疾之輕重也。之字句絕。　病疾篤也。屬下句言傷輕不至死者將屈法宥之也。若創重不可起者將戮之以正軍法也。

距躍三百。　曲踊三百。　距巨通。大也。曲細小也。曲禮曲藝之曲矣。曲踊小躍也。距躍大踊也。三百數之多也。古人語數之多。曰三。曰十。曰百。曰千。不必拘拘也。其實大小躍各數十耳。如唐詩白髮三千丈之類。

舍我而賂齊秦。　賂所以求告楚也。非別項。

一本無但據以下十七字。

允當則歸。　允當。謂彼此勢力相敵。不可必勝者。

此三志者晉之謂矣。　晉正合於當難有德之語。故曰晉之謂也。註當用三志。失語氣。

西廣東宮。、若敖之六卒。　此因新益兵。遂併舊兵而數之。以見其不衆也。三者非皆新益。又未詳其孰爲新益也。但據上文子玉帥師圍宋。西廣恐其所帥。而若敖卒其親兵皆素從者。則令所新益唯西廣東宮而已。　楚君多以敖爲號者。恐不因葬地而爲號。乃地因人而名也。註失原委。

謂諸侯何。　言無言以應諸侯也。

以亢其讎。亢抗同屏禦之意。陸貞山曰亢敵也讎謂宋宋爲楚之讎外傳所謂未報楚惠而亢宋者是矣。

其衆素飽不可謂老。以其糧食豐足也與曲直別項不可混說。

聽輿人之誦。公疑焉。偶聽輿誦耳非故意求之。楚據險若不可擊者而聽輿誦又似可戰者故疑也。

韅靷鞅靽。靷驂馬所以引車哀二年兩靷將絕可證。在胷曰鞅。

遂伐其木。伐木實用曳柴虛形不可相混。

以若敖之六卒將中軍。收其卒而止。六卒足以成軍。

其數必多矣。六卒蓋謂六部步兵也。非百人爲卒之卒。上文註。六卒爲六百人。蓋謬。據是文。中軍除六卒之外。無他兵也。

鄭伯傅王。用平禮也。傅王。是受獻之儀矣。與下文享禮不相干。用平禮句。釋上文也。昔文侯獻功之時。鄭伯之祖武公。實傅平王。今鄭伯傅襄王者。是循平王之故事也。

再拜稽首。稽留也。首至地爲頓。頓而暫留爲稽。

是盟也信。盟誓之言。不踐者亦多矣。唯是盟也。其後踐行不違。故君子稱之也。

甯子先。華仲前驅。傳遜曰。甯子先入。欲護救其妄殺耳。又曰。宛濮之盟。國人既已安矣。註掩未備。不知其所備者何也。況諸侯固應有前驅。不待掩未備方有也。衛侯但先期而入而已。未見其馳驅之狀也。註兩處驅字。盍由前驅句而生也。不知前驅猶言前隊也。不必馳驅。

風于澤。風逸也。不可作因風而走。

亡大旆之左旃。合註旃大旆所係。傳遜曰。杜解旃前後不一。弗可從。

獻俘授馘。授如字。有司相授受。不宜以獻廟。故曰授馘也。其以數告廟。自在其後。

鍼莊子爲坐。 註所謂先驗吏卒者是考訊之術耳。與代君坐獄者異科。此不當相援。

寘諸深室。 擇幽深之室而寘之也。非別爲之。

職納橐饘。 亦晉人所命。非甯子所自能。 陸貞山曰。橐以盛饘。故曰橐饘。 宣二年。爲簞食與肉。寘諸橐以與之。詩載裹餱糧。于橐于囊。皆可徵。

使王狩。 晉侯使王狩。蓋出於無意。不當作詭譎掩醜之爲。其書狩而不書召王。是自聖筆之權衡矣。非晉侯意所及。

言非其地也。且明德也。非常狩之地云爾。非有失地之諱。晉侯無闕不當言隱。召君非禮也。然晉侯之召。亦非非禮之召者。所謂權也。故書法委曲矣。非朋黨隱蔽之類。註失竅。

曹伯之豎。使曰以曹爲解。豎小臣也。不特通内外而已。曰字元當在解下。是古文之拗處。

二十九年經盟于翟泉。諸侯盟天子大夫。禮也。何諱之有。但與諸侯大夫盟。爲違禮耳。

傳。卿不書。罪之也。在禮卿不會公侯。劉炫曰。旨責其敵公侯。不責其盟王人。在禮云云。是釋上文之詞。非別項。

三十年經。及公子瑕。 瑕雖立踰年。而不稱爵者。以成公在外故。不成其爲君也。正與鄭子儀同

傳行李之往來。 正義行李與行理同。本多作理。 賈逵曰。理吏也。小行人也。

三十一年傳。四卜郊。 乃免牲。 不卜常祀。 牛卜日曰牲。 魯之郊非禮也。蓋僖公始僭之也。傳以爲常祀者。承流俗之謬也。 春秋書郊。肇于此。可知閔以前無有也。 卜郊。卜郊日也。非卜可郊與否。若卜郊否。一卜即決矣。不得再瀆也。今三四卜者。以卜日故。 禮郊牛必

在滌三月，是非牲而何？何必卜日而後謂之牲也。如月令循行犧牲，雖未入滌者，亦得稱牲，何必拘拘？傳受病全在「卜日曰牲」一句，是一節左氏謬誤既多，不遑訂註。

三十二年經：衛人及狄盟。　盟在狄地，故不地，略之也。或狄中地名不明耳，不必言就廬帳。

傳：將有西師過軼我。　陸貞山曰：雍、絳相去既遠，秦人密謀，卜偃無由得聞。左氏好采異說，此等奇怪猥多，未容悉辨。　元凱不信怪異，則是矣。無奈左氏好怪異而妄誕溢紙，輙作回護之說，可惜可憾。

北門之管。管。鎖筩也，籥。鎖匙也。不可相混。

必有悖心。悖謂背於理。林註以後年滅滑爲悖心之事。得之。

中壽。中壽。謂五六十也。是時蹇叔葢八九十歲。

所辟風雨。陵有樹木，亦可以辟風雨，不必委曲深谷也。且傳文明曰北陵，不曰南谷，註謬哉。

三十三年經。晉人及姜戎。縱令不諱而賤告，亦可稱晉人。註拘。

乙巳公薨。經十二月葢非誤也。註長曆推之乃謬耳。

隕霜不殺草。謂歲煖霜微也。下文接以李梅實，可知其

暖也周十二月今十月穀梁傳曰可殺而不殺記異也是矣

傳輕而無禮 無禮就經中看出非別項註據呂氏春秋論卷束非

具一日之積 積謂禾米芻薪也註除禾而加菜不曉何意

脯資餼牽 資通指凡所資用者不特指糧 餼牽是一物餼原未殺之名故字從氣

取其麋鹿 言餼牽竭矣故將行也若自取其麋鹿以代餼牽則不必行也其辭若留之者亦婉辭耳非以爲行

資之謂。

其爲死君乎。　死者謂以爲既死而蔑之。

采葑采菲。　詩傳曰。葑菲根莖皆可食而其根有時而美惡。

葬僖公。　緩作主。　劉敞曰。緩屬下句。杜以緩屬上句。非也。僖公以十二月薨。明年四月葬。凡五月。不得云緩。杜本謬解此句。乃作長曆。以經十二月爲誤。又置閏于是年。以合於其七月而葬之說。不亦横乎。且禮喪紀不數閏。

卒哭而祔。　卒哭。虞後之祭名。禮卒哭以前哭無時。卒哭

而後唯朝夕哭故其祭曰卒哭也亦非全不哭註虞則免喪是其家說之謬

烝嘗禘於廟　是亦以新主而言語三年喪畢之後也

春祭曰禘此指四時常祀非吉禘亦非大禘

文元年經使叔服來　叔服其字也非叔氏

傳穀也食子　合註食養生也　文伯先父死安得奉祭祀

穀也豐下　謂頰輔肥大也非方面

閏三月　此閏三月者如今曆法若無可譏者但當時曆法皆閏歲終而無是例故以爲非禮也春秋此外唯昭

二十年閏八月想亦爲非禮也

履端於始 舉正於中 歸餘於終 端謂節氣中謂中氣終謂歲終 今曆法凡月無中氣者爲閏古曆法則不然無中氣之月亦入常月之數遞送數之置閏必於歲終是爲歸餘於終耳古今法在歲內有一月前却而至來年正月齊同無小差大數不悖是非亡論 古人舉事皆不據月必以節氣星次如分至啓閉水火出入是也此云民不惑者湊合之言耳勿泥 餘冬序錄曰周達觀眞臘風土記云眞臘每用中國十月爲正月中國歲閏則彼亦置閏但閏九月殊不可曉余謂眞臘正

朔閏。是用秦曆。當置閏之歲無閏何月。率歸餘歲終。爲後九月。是也。漢紀表及史記。自高祖至文帝。其書後九月皆同。是未嘗推時定閏也。至太初元年。改用夏正。以建寅爲歲首。然猶歷十四年。至征和二年。始于四月後書閏月。達觀乃不曉此。可笑。　齊東野語曰。杜征南長曆。竊有疑焉。如隱公二年。閏十二月。五年七年。亦皆閏十二月。猶是三歲一閏。五歲再閏。如莊公二十年置閏。其後則二十四年以至二十八年。皆以四歲一閏。僖公十二年閏。至十七年方閏。二十五年閏。至三十年方閏。率以五歲一閏。如定公八年置閏。其後則十年以至十二年十四年皆以二歲一閏失之愈疏矣閔之二年辛酉旣閏僖之元年壬戌又閏僖之七年八年哀之十四年十五年皆以連歲置閏愈疏之甚至于襄之二十七年一歲之間頓置兩閏蓋曰十一月辰在申司曆過也尤覺其謬殆不可曉

效尤禍也　旣尤彼而又效其所爲是取禍之道也

君子以爲古　以其謀于陳爲合於古道耳未論及陳謀之是非成敗也且非讖辭勿著失今禮解

君之齒未也　謂年未甚高也言未定大子猶可也夫成王旣有子而長矣不得曰少註尚少不可曉

忍人也。謂殘虐不仁也。不主不義。

謚之曰靈。加惡謚何論其斂未斂。傳只記其事耳。註鑿。

爲大子之室。合註以其爲大子之時所居室内財物僕妾盡以與潘崇。

大風有隧。聽言則對。匪用其良。覆俾我悖。隧只是往來之途。非毀壞之謂。言大風則有隧。貪人則敗類。謂人不如風也。是反與。知其不能用。故不問不敢言。彼偶采聽我言則不淂弗答之。雖其答問之言。亦誦之如醉。以決知其不能用也。匪用其良。謂弗聽用我之善謀。悖卽如醉矣。詩意本如是。此非斷章者。

二年經。晉侯及秦師戰于彭衙。　秦與楚比。師不書。蓋外之也。非非命卿之故。

作僖公主。　劉炫曰。杜據論語解廟主。謬矣。

大事于大廟。　加大字者。當時禮實有大小之別也。必非以逆祀故異其文。

如齊納幣。　按公羊傳曰。譏喪娶也。三年之內。不圖婚。似得經旨。左傳曰。禮也。然亦禮其新君修好娶配也。未言及喪紀終否也。杜註牽強。亦長曆之失。　諸侯禮與士不同。則士之六禮。此弗論可也。　註。大子時已行昏禮是無明據。不可從。且先昏而後納幣。自古未之聞也。杜豈謂納采爲昏禮乎。亦所未聞。

不登於明堂。以其屬。傳遜曰。鄭玄以爲明堂在國之陽。與宗廟別處。孟子亦以明堂爲王者之堂。非祖廟必矣。屬謂私屬之從。

聿脩厥德。聿。歎辭。

堪其事也。謂能幹會盟之事也。註不得稱卿事。

執孔達以說。蓋其初謀固如是也。非因晉不聽而然。

皇皇后帝。猶言皇帝也。皇皇。美大之貌。

問我諸姑。詩賦已然之事也。註願致問之願字當削。

凡君即位好舅甥。傳唯言國君新立。宜修好娶配也。未

言及喪紀也註謬甚若除凶之卽位尤妄

三年經秦人伐晉　秦楚多稱人外之也不必晉耻之故

雨螽于宋　記異也不必喜而告

傳弔如同盟　以王子虎比於同盟諸侯也非以文公比

僖公

以燕翼子　翼輔也

四年傳于時保之　之字指君主也此引詩斷章明言敬

主之謂也不當作福祿解

其政不得　爰究爰度　謂政失道理也究度亦以爲憂

恤之義耳

爲賦湛露 不辭 承上文公與之宴而言公爲甯俞賦此也註謬 不辭謂不謝 愚不可及此不當援作說既不切於事情却累文意

五年傳皐陶庭堅 羅泌曰六皐陶之後蓼庭堅之後傳遜曰庭堅爲八凱之一必非皐陶 馬永卿曰若庭堅卽皐陶則文仲不應連言之似是兩人耳

德之不建 卽指二賢之後滅亡也是爲有德不建德不建則民自失援不見憂恤信可哀

甯嬴從之 劉炫曰甯嬴逆旅主人非大夫 按晉語舍於逆旅甯嬴氏劉說爲有據若是大夫則逆旅其職也

恐不當擅離官次來去自在。

商書曰沈漸剛克。　國語荀子戴記諸書引洪範皆云商書不獨左氏也蓋後世簡編錯雜誤入周書耳說詳于尚書。

六年經閏月不告朔。　古曆法閏必在十二月之後故書閏者不承上月此上雖無十二月而無閏十月之嫌傳則在十一月之次亦無嫌也不然閏在何月不可知矣

傳辟刑獄。　辟法也謂立之法制。

樹之風聲。　著之話言。　爲之律度。　陳之藝極。　陸貞山曰謂樹立其風化聲教。　傳遜曰話亦言也何訓之

以善凡韻書皆訓爲善仍杜誤耳善之意實兼話言二字著之者必其善者耳　律度包量衡而言乃日用之切非爲治曆也律自律度自度不相管夫所謂曆及度量衡本於鐘律者皆妄說不足辨　極謂窮限蓺極猶言節度也是句汎言財用出入之節不特貢獻

求遭喪之禮　陸貞山曰謂其臨事過於周詳非以聞晉侯疾故也

求而無之實難　謂臨事艱於應酬也非難求之謂

難必抒矣　抒紓舒古字通用服虔作舒緩也

我以其寵　寵謂宣子之威靈下文人之寵是也

損怨益仇。 仇，賈季也。言雖殺拏以損我之怨，而賈季之仇於我則益深也。舊說與下何以事夫子句礙。

閏月不告朔。 告朔即告月矣，告以今日是某月之朔也。何須迂曲之解。

七年經徐伐莒。 在夷略辭例也。蓋外之也。秦楚且然，況徐國小夷，在所益略。縱令告辭之詳悉，何益？註謬。

傳葛藟猶能庇其本根。 藟亦葛屬，非延蔓之義。葛藟之枝葉且能庇蔭其本根，以喻公族輔佐公室。

皆患穆嬴且畏偪。 偪亦以穆嬴而言，非國人。

有奪人之心。 破敵之膽，使其驚愕失度也，非戰心之謂能亡人於國。　謂爲斯人而出亡。
焉用之。　遂不見、言如是而不能見於此。將欲何處而相見乎之字。指上見字。如舍此則外無可見之地之意。

先蔑非正卿。註舛。

戒之用休。　九功之德皆可歌也。　謂警戒啓導人以我仁惠休美之德也。休與威對。並在我而言。所謂威惠並行也。不當以休屬于彼。　晉取地。威也。其歸地。休也。郤缺之言。暗伏此意。　引書止于勿使壞。其下九功之德以下。郤缺釋書之辭。不當據古文尚書作解。

義而行之謂之德禮。　行者。行九功之事也。行而合於宜

謂之有德有禮也不當配屬三事

八年傳公壻池之封　劉用熙曰楚地名有公壻谿見定公五年此人蓋因地爲名非晉壻也　傳遜曰其時止有公子公孫何嘗有公壻之稱且十七年趙穿與公壻池爲質于鄭穿亦公壻也何穿不稱而池獨稱乎　服虔曰致池之封致之於鄭也劉炫同之　傳遜曰傳以申與虎牢皆鄭地則還鄭已明故不復言鄭況上年杜註已言爲歸鄭衛田張本而此不言鄭其誤自見豈有使鄭歸人之侵地而不以己之所侵于鄭者歸之乎

十年傳沿漢泝江　子西蓋既爲商公居商而自商如郢

也其歲月雖不可知而決非始封之時其如郢不預請故見疑作亂而懼也乃不陳如郢本意而以歸死爲言耳註不敢之商縣似以爲始封時事恐舛

次于厥貉　是將以伐宋也則宋公縱令來會亦宜不在次列況下文逆而聽命則不列于厥貉必矣註宋鄭執卑舛且受役於司馬是盂諸之事矣難以解厥貉之禮經不列陳鄭豈別有故邪將經傳有不合也

宋公爲右盂　左右二盂並陳列于楚人之左故左司馬二人各掌一盂而右司馬一人掌楚師也非兩盂挾楚師不然左司馬無畏惡得繩右盂宋公

無縱詭隨。詩傳曰詭隨不顧是非而妄隨人也。謹歛束之意罔極。爲惡無窮極之人也。

十一年傳富父終甥駟乘。將御右之外别一人乘者謂之駟乘。又有驂乘義與此相類。駟四也。驂三也。謂是人充三。充四也。非四人共車之謂

埋其首於子駒之門。埋首以旌其功耳。註鑿。

皇父之二子死焉。馬融曰皇父之二子從父在軍爲敵所殺。二子死。故得勝之。

齊襄公之二年。陸貞山曰史記魯世家引此傳文作齊惠公之二年。又齊世家十二諸侯年表並記於惠公二

年即魯宣之二年也在晉滅潞之前僅十三年耳此傳以惠公爲襄公葢傳寫之誤杜因有是說失之不考

十二年經郕伯來奔　書郕伯必是郕君矣非大子傳以爲大子者非是葢經傳異其傳者不可以釋經　設朱儒在國即位未踰年唯當稱子而已安得稱伯況大子未爲君者乎縱令魯以諸侯待之亦交際之儀而已不能以爵加之傳采異聞而牽合於經文不得回護作說

傳請絶叔姬　言非女也　禮稱女子許嫁而笄叔姬既嫁而見出安有未笄之理哉且正月見絶而二月死其不書大歸無足怪矣杜未笄之説無徵又按杜譜曰不

知此叔姬是何公之女然則年紀亦未可知也非女者謂非處子也可知其既嫁矣葢叔姬適杞與杞公不相中而見出也其不相中豈以娣寵而妬娟與大歸不書豈以昏不絕與

先君之敝器　圭璋皆前代相傳之器故稱先君之器何干告廟

獲一卿矣　趙穿非卿也然穿貴寵於晉國秦若獲之與獲軍帥均功也

皆未憖也　憖勉强也謂未强力酣戰

十三年經邾子蘧蒢卒　劉炫曰蘧蒢僖元年與魯盟于

犖杜謬。

傳贈之以策。　傳遜曰使之策馬以歸示已既知其情也。其處者爲劉氏。　孔疏是一句恐漢人攙入以媚於世者

命在養民。　此命字指天命也邾子意謂吾以養民爲職是天之所命也若夫死生不足爲命故曰死之長短時也。

賦載馳之四章。　載馳詩朱傳分四章控于大邦句在第四章襄十九年穆叔賦載馳之四章杜直以控于大邦爲四章得之此註四章以下云者沿舊本之謬以誣左氏也不可從。

十四年傳。貸於公有司。謂公之有司。則所貸皆國財矣。非兩件。

王叛王孫蘇。平王室而復之。王初嘗右王孫蘇。故曰叛。復謂使復其位。

請葬弗許。王荊石曰。請歸葬於魯地。非以卿禮葬也。

爲蕭封人。蕭。蓋宋封疆之地。非附庸之臣。

曰夫己氏。己。語辭。非戊己之己。左氏引詩彼其之子。作彼己之子。即是。

十五年傳。惠叔猶毀以爲請。猶字緊接毀字。而不貫下毀是初喪之事。惠叔傷父喪無歸。雖期年而猶毀也。

兄弟讀致美救乏句賀善弔災句祭敬喪哀。勿兄弟致美作句。

以上軍下軍伐蔡。下軍別有帥。而聽命于上軍。故曰以也。非兼帥。

獲大城焉曰入之。大城謂國都也。非別邑是師也。雖未舉國都。而以城下之盟觀之。蓋師入都城而後講和也。既獲之而不有曰入。若楚入陳是也。卽傳例之正格。此比擬而言。

十六年經。公四不視朔。書曰四。則四箇月之外。復視朔可知矣。公羊及解論語者。皆以爲告朔廢於文公。不亦誣乎。疾一再不視朔，不足書也。今乃四箇月，則不可以不書也。非特舉明非詐之謂。　凡君季年之疾不視朔，雖經幾箇月，不須書也，以其不須書與一再之不足書，則十二公豈必有可書者哉。註謬。

傳百濮乃罷。　濮夷多種別，故曰百濮也，如百粵之百。百濮之罷，應上文意自明，不當作別解。

自廬以往。　振廩同食。　以往，猶言以外也。　同食謂衆共食之，以見其無齎粮也，非無異饌之謂。

先君蚡冒。　據史記世家，蚡冒是武王之兄。

十七年傳鹿死不擇音。　音如字。　服虔曰鹿得美草呦呦相呼。困迫不復擇善音。急之至矣。按莊子。獸死不擇音。郭註。野獸蹴之窮地。意急情盡。則和聲不至。

傳。鋌而走險。走險。以起待於儵句。非謂從楚。合註。我亦如鹿之疾走而趨于險欲一鬬以死。不暇擇音而鳴。

十八年經。子卒。立而未踰年。是未成君矣。稱子。固其所。

傳所謂諱者。卒之而不殺也。非謂稱子之義。註謬。

傳。使職驂乘。戎車曰右。乘車曰驂乘。其義一也。旣見于十一年。

埋之馬矢之中。殺子惡。諱而卒之。則殺惠伯不書。諱之也必矣。註乃言史畏仲不敢書。然則仲尼筆削之時。何不追書之。是等皆杜之臆斷已。殊無所據。

大歸也。 大歸者。謂歸而不復來也。所以別於歸寧出嫁矣。不係於罪之有無。

以其寶玉來奔。 方來而即出。是不足書也。不係於見公與否矣。且其見否未可知。註鑿。

作誓命。 在九刑。 盜器爲姦以上四句。是誓命之語矣。主藏以下。是行父之辭。言主藏賴姦。在九刑之典。以爲不赦。吾不敢遺忘也。誓命與九刑自別。不忘。謂永存不泯也。忘亡義相通。

不度於善。 度如字。謂其度不合於善也。

内平外成。畿内爲内畿外爲外夷狄不與焉。

謂之渾敦。元愷四凶皆其族之號非一人註於三凶一一分說驩兜共工鯀以合於尚書鑿已且饕餮不論三苗獨何哉蓋是等當時流俗之語不可信據者不必比較於尚書可也。

服讒蒐慝。合註蒐索也索人隱事以誣罔盛德之人也。

聚斂積實。實充之也。

謂之饕餮。饕字從食亦貪食也乃與餮一類非貪財。

投諸四裔。裔衣裾也故謂邊疆爲裔。

納于百揆。賓于四門。百揆百官也史記曰編入百官。

一本。無蓋尊以下十四字。

百官時序。實擯也。

宣元年經。趙盾帥師。救陳。晉聞楚侵陳。故興師救之。雖並救宋。非師之名也。故經唯稱救陳也。非闕文。

傳。遂以夫人婦姜至自齊。不稱公子。承上文也。若以不稱公子爲尊夫人。則上文公子遂如齊逆女。傳何曰尊君命也。蓋尊夫人云者。不係公子之有亡也。

會于平州以定公位。會以定位。只是當時之利害。已於禮無干涉。於春秋書法。尤無所係。其簒立者。既享國而後臣子殺之。則爲弑。固其宜也。非列會之故。其有討賊之義者。則雖列會。不以爲弑。是春秋之例也。杜謬。

不競於楚。競與人爭前之義。

二年傳昭果毅以聽之。合註。聽敬從也。

人之無良。國風小雅皆有此句此引唯取無良一句也。

不可帶其下句作解。

文馬百駟。丘光庭曰。文馬馬之毛色有文采者爲可愛

重若畫馬爲文是常馬耳何足貴乎。

旣合而來奔。合答古字通。

睅其目皤其腹。于思。睅出目貌皤大腹貌。于語辭。

思偲同多鬚之貌註鬢字蓋傳寫之謬。

彫牆。彫雕同刻鏤也非采畫。

爲之簞食與肉。爲去聲。林註以食與肉置諸簞笥。問其名居。問其姓名與居處也。越竟乃免。言若越竟而後反縱使不討賊亦可免弒逆之首名也。而罪歸于趙穿矣。非謂越竟則可以不討賊。其庶子爲公行。公行掌從衛之官。不必兵戎之時。又與掌路車者不同。

旄車之族。趙盾本卿適。而以公族讓括。則宜爲餘子。何用更下一等爲公行哉。可知旄車非公行矣。詩汾沮洳並稱公路公行公族。可見公路是餘子之官。而以餘子爲之。故亦稱餘子耳。非官名。公路掌公之路車者。

則旌車是公路中之一矣。陸貞山曰。謂將領其族人。非官以其故族爲公族大夫。

屬也。傅遜曰。以適子爲宗。宜統其族人。故以族人屬之。

三年傳。不郊而望。皆非禮也。傳以不郊爲非禮。是以郊爲魯之常祀故也。此流俗之謬說。已詳于僖三十一年。

杜氏傅會于傳文。皆不可從。

成王定鼎于郟鄏。遷鼎在成王之世。定。卽遷也。若武王之時。未卜洛邑。註補武王遷之一句者。葢據桓二年有武王克殷。遷九鼎之語也。然自乖事實。此不得援添蛇足。

以是爲而子。 人服媚之如是。 傳遜曰。以蘭之秀美付界之耳。而必曰名斯固矣。 如是定之之辭。非希望之。

姞吉人也。 姞字從吉從女。女亦人也。故曰姞吉人也。是字釋矣。非指后稷之妃。

刈蘭而卒。 時既刈蘭矣。而穆公卒也。林註有謬解。故詳焉。

四年傳書曰鄭公子歸生。 權不足也。 蓋子家秉政而班在子公上也。故首惡歸焉。

仁而不武無能達也。 達終成之義。不武則其仁不成也。

一本無按昭以下二十八字。

稱君君無道也。 稱臣臣之罪也。 稱君唯謂書君名而已。未論及稱國與稱臣也。 稱臣亦唯謂書弑者之名而已。未論及稱君與不稱也。是文相對。而義各有當也。註偏枯不可從。又改殺稱弑三句。不可曉。 歸生弑夷。是臣有罪。而君亦無道也。

汰輈及鼓跗。 貫笠轂。 合註汰矢激過也。 按昭二十六年。繇朐汰輈杜曰汰矢激。蓋矢抄輈。因激而過也。及猶與也。 兵車無蓋。故頭上戴笠。以遮風日也。非使人執之也。笠弓之所湊。謂之轂。猶車輪之轂也。故名焉耳。杜乃言執笠依轂而立。嗚呼。窮哉解乎。

寬按及恐乃誤。

五年傳書曰逆叔姬　凡傳稱書曰者及發凡例皆就春秋成文作說耳左氏作傳之時固不能辨舊文與筆削也杜氏喜論新舊皆出於臆度不可從他並傚此。

冬來反馬也。　傳直釋經文耳不爲亦譏而發焉。

六年傳使疾其民。　盈其貫　可殪也。　殪戎殷。　疾謂疲弊困窮。　傳遜曰以繩穿物謂之貫言其惡之多如物之滿於貫也韓非子曰恐其以我滿貫亦此意。　劉炫曰泰誓商罪貫盈言紂之爲惡如物在繩索之貫不得爲習也。　殪斃也當訓仆。　戎大也書傳曰殪滅大殷。

八年經萬入去籥　正義萬是舞之大名　隱五年註萬舞也

傳伐舒蓼滅之　舒蓼即衆舒之一　正義引釋例以舒蓼爲一國得之　但以此註爲誤寫則囬護矣

九年經晉侯黑臀　正義黑臀以宣二年始立註四與文同盟必是後寫之誤

傳王使來徵聘　蓋徵者來諭旨非使人行禮之比故不書也

衷其衵服　衷如衷甲之衷謂衣中服之也非懷

且聞不令　聞去聲謂聲聞

十年經王季子來聘 王子而第居季字季故稱王季子耳是無義例葢因當時稱號也

齊侯使國佐來聘 齊侯立未踰年是未成君矣未宜稱君命以使也經直因辭命爲文而譏自在其中也非旣葬成君之謂

十一年經丁亥楚子入陳 丁亥葢楚子入陳都之日實在師殺徵舒之後也註殺入前後不可從 傳入在殺之前者是師入也與經文稍不同

傳平板榦 略基趾 縱曰榦横曰楨不可相混 略經略也

吾儕小人所謂。取諸其懷而與之。小人所謂。猶言小人之諺也。中間不當句。還之是。則足補取之非也。是雖初取之後。無可非也。

左氏雕題略卷二終

左氏雕題略卷三 據杜氏集解

浪速　中井積德著

唐津　山田寛校正

十二年經。同盟于清丘。華椒元無可譏也。然晉衛既稱人則宋爲得獨稱名。註過刻失實。

傳。巷出車。守陴者皆哭。示將去國也。彼之見遷與吾之出奔皆在其中。不可偏說。守陴之哭。感動自哭耳。非爲告楚。

三月克之。經歷三月也。六七十日亦可稱三月。不必九十日。

夷於九縣。正義楚滅諸國見於傳者。申息鄧權弦黃夔江六蓼庸凡十一國。僖二十八年傳曰漢陽諸姬楚實盡之則楚之滅國多矣不知何以言九。傳遜曰楚滅國雖十一或以二小國併爲一縣亦不可知。若必滅一國爲一縣楚亦固矣滅國設縣豈無分併於其間乎。時楚有九縣願得比之自言服事恭謹如其縣邑耳豈復追記滅國乎。

勸民。觀釁而動。勸殺也。釁間隙也。

右轅左追蓐。前茅慮無。傳遜曰楚五分其軍爲前後左右與中而使之各有所任耳杜誤。註引南轅乘轅泥甚。茅疑旌旗之名。

象物而動。合註物即旌旗之物言百官各象其所建之旗物而後無妄動也。

老有加惠。優老者比之壯者有所加益也非全不計勞。

兼弱攻昧。攻疑耆之譌耆致也謂取之非致討之謂。

撫弱耆昧。合註撫兼之誤。

有律以如己也故曰律句否臧且律竭也。合註將帥之責于法律者能使其如己之志故謂之律所謂順成而臧也否臧則律且竭而敗矣。

不行之謂臨。居高向下謂之臨臨之爲卦後高而前下。

左傳雕題略卷三　二

是不可行矣故曰不行之謂臨也是特論臨之名義耳勿挾貞卦說又不可偏以澤解蓋臨之義就全卦象見之

事之不捷　捷克也與下文不捷參之肉意同

聽而無上　陸貞山曰同括有言在楚師北轅之後此時未也且伍參獨言先縠不仁何嘗及二子乎蓋謂林父將令不行軍衆欲稟聽進止而無上令不知所從也

廣有一卒卒偏之兩　傳遜曰廣兵車之名楚王即以名其親兵以其兵分爲左右二部故名二廣每車用百人故曰廣有一卒其云偏者蓋車之半耳又五十人曰偏

以百人四分之一爲承副則逸多勞少自精專無廢事矣。五十人爲偏者。謂卒之半隊也。二十五人爲兩者。謂偏之二分也。故不單言兩。而必言偏之兩耳。成七年舍偏兩之一。當參考。

不能文。出入此行。是句暗伏頗能武之意矣。婉辭。

行。途也。

豈敢辱候人。候人。謂伺候執役之賤者。即使人之從者矣。是不敢斥使人之辭。非斥候。

遷大國之迹於鄭。迹。足跡也。謂逐出在鄭之楚師。

左射以菆。邦俗箙矢有上差中差。凡鏃之釵者板者及

響箭皆與常矢異制所以有上中差之别菔蓋是也

見六麋射一麋　六麋取一亦只記載之辭耳非有貶意且多殺獸何益適有亡矢之失而已註謬

楚人乘我　林註楚人卒然進兵乘我不備

敢藉君靈　藉承藉之藉是倚杖之意非假借

殿其卒而退　傅遜曰士會自以其身爲上軍之殿耳

或以廣隊　隊墜同陷也與下文出字相應

肆于時夏允王保之　詩傳曰肆陳也益求懿美之德以布陳于中國則信乎王之能保天命也

鋪時繹思我組惟求定　詩傳繹尋繹也　組者我之組

也非使彼歸于我

無忘其章　章文章也謂功業昭著可觀者非篇章

取其鯨鯢　鯨鯢大魚也故以喻首惡巨魁耳不必以吞食小國

將以分鄭　謀以楚兵威分鄭爲二國其半仍屬舊君半別爲一國以魚臣爲之君也非以半與楚又上文入楚師謂造于楚軍中也正義有謬解故詳焉

亂離瘼矣爰其適歸　離因亂而流離也言亂離之禍何所歸哉下承以歸於怙亂者歸字相呼應如問答之語爰當作奚

如有憂而喜乎。是句設難詰問也。註欠分明。

若爲茅絰哭井則己。是二句連上文。皆無杜之語。言有茅絰於井上而哭于中者。則我也。請子目而拯之也。

號而出之。號叫呼也。叔展號之也。與上文哭字自別。

十三年傳惡之來也己則取之。惡之來猶言禍之至也。己取謂由我速之也。非滅族而後爲惡。

我則爲政。句　而亢大國之討。亢抗同。大國指晉而言。

十四年傳屨及於窒皇。下文接以劍及於寢門之外。則知窒皇與寢門異矣。蓋是內門之名耳。

庭實旅百。劉炫曰。莊二十二年庭實旅百。杜云諸侯朝

王陳贄幣之象則此聘而獻物亦實百品于庭非謂主人也

采章嘉淑 加貨 又曰采章謂玄纁璣組羽毛齒革充衣服旌旗之飾嘉淑謂美善之物加貨言賄賂之多皆實所獻仲孫勸君行聘惟當論聘之義深不空言主之禮備

十五年傳登子反之牀 析骸以爨 傳遜曰杜以兵法曲解非也 析伐也橫斷之亦曰析不必豎破之

申固其命 命謂國統卽天命矣

以略狄土 略巡封疆也隱五年吾將略地註云略總攝

巡行之名。

陳錫載周　載周。卽造周邦也。非載行周道之謂。

十六年經　宣榭火。　爾雅曰。無室曰榭。又曰。闍謂之臺。有木者謂之榭。李巡曰。臺上有屋謂之榭。

王享有體薦　折俎。　體謂手足也。物雖半解。而手足完而不折。故曰體薦也。註失字義。　折俎。卽殽烝矣。謂折體之俎也。　註。示共儉。示慈惠。皆附會。當削。

十七年傳　婦人笑於房。　郤克之跛。杜據穀梁而言。然左氏所不言。不必講。

易者實多。　易。謂不以類也。嘉於不可嘉。怒於不可怒。是也非遷怒之謂。

君子如祉　詩傳。祉猶喜也。　祉好之也故下文承以君子之喜怒喜字貼祉字。

十八年經歸父還自晉　不書族者承上文也。

傳自虐其君曰弒。　註解弒戕字義皆鑿不可從夫非一朝一夕者文言本弒逆者之心而論焉耳豈字義乎哉。

以失大援。　襄仲殺子惡卽失齊之援矣不當帶晉楚說

復命於介。　傳所受於晉辭命于介也蓋壇上成禮如復命于其君者也故下文曰既復命袒括髮也若介之反命自在其後。

成元年經作丘甲。　丘甲之制。今不可考矣。杜引周禮司馬法。爲丘出甸賦。四倍於舊制者。是唯就經文丘字。橫作說耳。其實無明徵。難從。且經曰丘甲。而不曰丘乘。尤不見甸賦之意。

傳。乃可以逞。　逞如字。

二年傳。且告車來甚衆。　是齊軍中之事矣。齊人既見石成子止禦。又聞車來。乃止不追也。　車來非必新築人。

然子病矣。　猶言雖然子則實病也。是更端之語。既語已之勞。以勉郤克。更言此。以恕之也。註不曉何謂。

謂之君子。而射之。非禮也。　是語無可非也。杜以不知我禮譏之何也。

寢於轏中。釋文轏卧車也。

辟女子。乃奔。釋文辟音避註皆同。是義明而音不合義謬。辟音闢不可易古書是類文或作避者音義皆同。奔謂走去蓋還家也不止辟君。

紀甗玉磬。傅遜曰甗言紀而不言玉則非玉可知周禮有甗人本瓦器考古博古二圖所載甗皆銅器古人器自有所以爲重者不皆玉也玉磬自應齊物非紀也。

無乃非德類乎。晉令以不孝則諸侯將以不孝應焉彼此皆不孝矣豈可謂德類哉文意只如此註迂曲。

物土之宜 陸貞山曰物相也蓋云相土之所宜使之或南或東也

畏君之震 震威也

敝邑之幸 況其不幸 丘光庭曰言幸而戰勝亦當從晉命況不幸而敗不敢不服劉炫林堯叟皆同之

群臣帥賦輿 輿衆也

賜三帥先路三命之服 皆受一命之服 蓋魯侯始賜之也賜服即錫命矣猶後世承制封拜之類耳註嘗受王先路之賜謬 諸大夫不可言皆嘗受王之一命杜說至此而窮矣故曰皆魯侯賜可以見前說之謬 襄

十九年。公享晉六卿于蒲圃，賜之三命之服，軍尉、司馬、司空、輿尉、候奄皆受一命之服。可參考。　趙子常曰：禮樂之自諸侯出久矣。杜說泥矣。

用蜃炭。　輸檜。　正義：炭亦灰之類，雖灰亦得稱炭。　輸檜制不可知，註旁飾上飾，似杜撰。

生則縱其惑。　惑不止殺母弟一事。

夭子蠻。　夭只是夭札短命之義，若殺與無後，非此文所

干子蠻蓋夏姬之前夫，雖無所考，恐非兄靈公。　昭二十八年傳，夏姬子貉之妹也，註子貉鄭靈公夷也。然則子蠻非靈公之字必矣。

左傳雕題略卷三　成　八一

盡室以行。　室謂家人及財賄。

商兆民離。　十萬曰億十億曰兆。

余雖欲於鞏伯。　是慰鞏朔之辭言欲善待鞏伯也非欲於獻物。

委於三吏。　三吏盖受獻官司有三等也辟如司徒受俘民司馬受車馬工正受器械之類是也非三公。

三年經宋公衛侯。　二君既立踰年稱爵禮也註舛。

傳雖遇執事。　此執事亦不敢斥王之辭其實非指將帥。

討赤狄之餘。　劉炫曰廧咎如之國即是赤狄之餘註謬。

次國之上卿。　傳文明言大國次國小國可見以地之大小而不主爵之尊卑矣周家封國畿外公者唯杞宋二國矣註以公國大於侯者出於無稽且臧孫欲以晉衛大小定其班也故引古制明之也設據古制公侯爲大國伯爲次國子男爲小國然此引古制唯取大小之準而不計五等之尊卑　按孟子曰公侯皆方百里伯七十里子男五十里又曰大國百里次國七十里小國五十里是大小之名因地之廣狹也明矣

寡君未之敢任　意謂已將任之也婦人之笑郤克實怒之而兵由此起晉侯初不甚怒也故此行當致謝於郤克不須謝於晉侯云爾是辱之之辭

四年經城鄆。 按傳成公秋欲叛晉聽季文子之言乃止。然則冬城鄆必非欲叛晉之故矣註恐舛。

傳命不易哉。 詩傳天道甚明其命不易保。

楚雖大非吾族。 傅遜曰此以夷狄待楚非關姓也若齊桓公亦異姓。

五年傳人各有能有不能。 嬰之意謂守禮正家則吾不能然彊禦固趙宗則吾能焉是非關莊姬。

伯宗辟重。 辟傳 林註辟並音避。 辟避也然上音闢下音僻。

國主山川。 以山川之神為國之主神也。

六年經立武宮。　武宮以告武功之宮也宣十二年楚子不築武軍爲京觀而作先君宮告成事是也此立武宮而已矣無武軍之文杜何以知別築武軍也可謂杜撰。紀武功故稱武宮也此與武軍之武同杜又以爲武公宮何所據哉。　武宮主紀武功示子孫非藏主之廟豈容作一公之宮哉。

傳不可以立武。　立武猶言表武也與立武宮意自別。

土薄水淺。　土薄卽水淺矣非兩事水之淺深以地下之度而言土之厚薄以水上之度而言。

其惡易覯。重膇。　陸貞山曰此惡字與汾澮流惡之惡同垢穢也。覯遇也。猶觸也。言土薄水淺則其垢穢濕蒸之氣人易觸之則憂愁墊隘以成疾疢也。重腫同膇音墜。

且民從教。謂馴服於教令也。非災患之謂。

七年傳兩之一卒。偏兩之一。二兩字不同。上兩謂車一兩下兩謂偏之兩。分宣十二年卒偏之兩當參考。傅遜曰兩者卽一車耳詩所謂百兩孟子所謂三百兩之兩。非二十五人爲兩之兩也。蓋楚廣之制本用一卒故云以兩之一卒。以上說上兩字。其云舍偏兩之一者。蓋車之半邊爲偏。則每車有二偏。各五十人。今留二十五人。非偏兩之一而何。以上說下兩字。

八年經衛人來媵。　媵大名也。通姪娣及從者。故男子亦稱媵臣也。此來媵是姪娣也。夫左右媵之說無稽弗可從。傳中多稱其娣某其姪某。未有稱其媵某者也。其無有明矣。

傳上也罔極。　罔極猶言無恒也。詩傳極至也。

是用大簡。　大簡猶甚諫也。非用大道之謂。詩簡作諫。

遐不作人。　不如字。作興起也。　詩傳遐何。通言其必作人也。

聲伯如莒逆也。　雖私事出竟則書。不必因聘。

華元來聘聘共姬也。 兩聘字不同上聘行聘禮也下聘請婚也是時未用幣。

夫狡焉思啓封疆以利社稷者。 陸貞山以狡焉連下爲一句。

或思或縱。 陸貞山曰有思啓封疆者有縱弛而不設備者故得並兼以成大國。

事無二成。 謂一成不可變也非公私之謂。

不得事君。 是論事體也意謂會不會是魯背晉也婉辭爾非欲絕。

九年經晉人執鄭伯。 稱晉人鄭有罪也註鑿。

城中丘。　註閏月是長暦之謬且煩瑣不足辨。

傳。先君猶有望。　謂屬望也。

稱大子抑無私也。　無私謂不阿黨溢美也是稱大子之辭無私也故下抑字非以稱大子爲無私。

雖有姬姜無棄蕉萃。　姬姜貴族之女然亦以語美女也。蕉萃與憔悴同謂衰醜也。

十年傳。攻之不可。　林註攻熨灸也。

非其人猶不可。　陸貞山曰謂叔申本非賢者雖欲効忠不見信于君適以自害耳。

十一年傳。不以妾爲姒。　娣姒之稱自非從嫁皆是假借

矣謂吾姒者吾謂之娣故長婦謂稚婦爲娣稚婦謂長婦爲姒或長婦稚婦相謂年大者爲姒年小者爲娣非總迭相謂爲姒

吾不能死亡　不能字人之孤　孝叔是畏聲伯非畏郤犨　字育也

十二年傳討不庭　不庭只是畔違不相朝會者庭宜指霸主之庭不當作王庭襄十六年傳同討不庭註凡諸侯朝聘皆成禮於庭中故欲同討不來庭服者

享以訓共儉　享主禮讓若飲食足以講禮而已矣不厚其味故稱共儉耳不必以不飲不食作解

公侯干城。　此引詩言諸侯以武夫爲城郭而扞蔽其民人也。

公侯腹心　陸貞山曰所引二詩分屬治亂此上文曰及其亂也略其武夫以爲己腹心股肱爪牙即繼之以此詩則所謂公侯腹心者非治世之美詞矣古人引詩大率斷章取義杜亦嘗謂春秋傳引詩不與今説詩者同此註謬。

吾死無日也夫。　食言負盟則范文子不能獨守信故云死無日也謂受神之罰

十三年經使郤錡乞師。　不言徵而言乞魯人記之故也。

傳民受天地之中。　劉子蓋言人受天地中間之氣而參于三才自然不能無動作禮義威儀之則乃是所以保定其所受之命也命但以稟受及壽夭而言未嘗說及性理也後儒主張此語太過不勝其附會故詳焉

跋履山川　跋履猶踐履也夫草行爲跋是對水行爲涉而言杜乃以解此文非也

諸侯疾之　時無諸侯而稱諸侯文致也必以從師者而言凡此前後多矯誣失實者何必迂回作說

穆爲不弔　不弔猶不恤也不若不孝不仁之不

東道之不通　謂東諸侯之與秦不相交　林註秦不通

道于東方諸侯則是秦康公自絕晉好所以不通白狄我昏姻也　大戎狐姬生重耳小戎子生夷吾皆狄也故及難重耳奔狄是李隗之前已有昏姻也李隗赤狄之種也非白狄白狄獲而納之豈足爲昏姻哉註謬又按重耳母家之狄其赤白未可知也註定爲白狄恐臆斷耳按孔疏未必晉於白狄別無昏姻是矣

十四年傳苦成家亡乎　苦成家猶言苦成氏也

兕觵其觩　彼交匪傲　詩傳觩角上曲貌旨美也思語詞也交際之間無所傲慢則我無事於求福而福反來求我也　觵觥同毛詩作觥又周南酌彼兕觥豳風稱

彼兕觥並不見罰爵之意杜據周禮以爲罰爵非也

此引詩取義在後二句

舍族尊夫人也　僑如舍族蓋承上文也非舍族也此傳似失經旨說已見于宣元年

婉而成章盡而不汙　章是文章之章非篇章汙汙下鄙猥也　合註或婉曲以示順而文秩乎其成章或盡其事而悉書之而實粹乎其無污　按註汙曲是讀爲迂也非

十五年經華元出奔晉　據傳文華元將奔晉至河乃還則經不當書奔晉及自晉歸是經傳不相合者註回護

更撰出告辭不可從

叔孫僑如會晉士燮會吳于鍾離　合註其會又會者大夫自相爲會然後與吳會也

傳猶有戍在　向戍蓋別與華元有親也可以免耳非以其賢

十六年傳子罕伐宋　傳文固不謹嚴侵伐相通而言何嫌於異文註泥

德刑詳義　正義詳者祥也古字同耳

民生厚而德正用利而事節　生厚以衣食而言用利以財貨器械而言　用利謂民之財用之利是與生厚德

正正是九功之三事矣雖不泥說而訓詁則當一文七年郤缺之語當參考

致死以補其闕　陸貞山曰闕謂軍國之事有所闕乏

皆聚於中軍　聚中軍張幕徹幕甚囂皆乘皆下並是敘事矣非問辭唯騁而左右何也及戰乎二語爲王之問辭而已林註有謬解故詳焉

皆曰國士在　服虔曰賁皇州犁皆言曰晉楚云云州犁言晉強賁皇言楚強故云皆曰也　下文云楚之良良卽國士矣

南國蹙　射其元王　中厥目　是三句繇辭蹙目諧韻

除此之外乃爲卜者之辭。 元大也元王猶言巨帥也。

復卦無離象而杜主張離義者因南國蹶而附會焉。

及起子推陰等皆不可從。

以其族夾公行。 劉炫曰族者屬也以中軍夾公耳。 公行親軍名。

侵官冒也。 失官慢也。 救陷車車右之任也他人爲之。是侵官也元帥自有大任捨而與他事是失官也註御字失當。

潘尪之黨。 尪之二字疑衍正義一本之黨閒有子字亦通。

姬姓日也。日月並因王象而言。

爲事之故敢肅使者。以軍事不得拜之故故肅也。亦唯禮於使而已。非以肅代拜也。肅如揖手未嘗至地。

諜輅之。諜謂遊軍輕兵掌斥候者。非間諜。

我不如子。是讓能也。不必以親御作解。

展車馬。合註展閱也。

憂猶未弭。謂國多禍難民心未定厲公篡奪之類皆是。

不可獨指欲從子臧。

使叔孫豹請逆于晉師。服虔曰豹先在齊矣此時從國佐在師聲伯令人就齊師使豹豹不忘宗國聞白國佐。

爲魯請逆　昭四年傳豹出宿庚宗適齊生孟丙仲壬及宣伯奔齊饋之則似豹在齊多年而僑如始往　傳遜曰此必先奔無疑傳逸之耳

食使者而後食　使者是聲伯所遣之使者也非介上文師逆以至謂使者以逆師至也是敘事非戒辭蓋聲伯爲食於郊而與使者約以不食而待也及使者以逆師還則不食既四日矣如約於是先食使者而後自食也註皆謬

亡而爲讎　謂魯國滅亡爲齊楚之有

奉君命無私　傅遜曰是三句詞雖異而意實一也總以

一本無召叔孫豹一條。

形容聲伯之忠耳何用分析且四日不食之事范文子庸有未知只據其力辭邑以請季孫其意甚明

召叔孫豹　是蓋此年之事矣豹先在齊多年說已見前

十七年經辛丑用郊　公穀二傳並言用者不宜用也

傳與婦人蒙衣　陸貞山曰蒙衣者爲婦人服以自蒙冒也　蒙衣僞婦人蓋頭之類耳當時蓋亦有此服也士昏禮加景註景之制如明衣加之以行道禦塵北齊納后禮有加幜去幜景同蓋頭之從來尚矣

抽戈結衽　衽襟端也

逃威也　威君威也言吾非怯惰不能抗也畏君命之威

也。是以逃而不抗矣。蓋不欲抗君命，又不甘心於小人所刃。欲歸而從容就死也，故逃耳。

吾能違兵。　違兵，避兵難也。謂無所與焉。

十八年傳：辛巳，朝于武宮。　服虔本辛巳作辛未，是盟之明日也。似勝。

有兄而無慧。　無慧，不聰慧也。卽癡矣。不辨菽麥，是大癡耳。未可以白癡解焉。

齊爲慶氏之難故句。　林註故字當屬上句。

內宮之朝。　師逃于夫人之宮。　內宮，齊侯燕居之宮，內寢之屬矣。朝謂其前堂也。是與夫人之宮自別。註混爲一。非也。又解師逃爲伏兵，亦謬。蓋華免既殺國佐，懼國民爲害也，乃以其所帥師遁入于夫人之宮也，以誌其懼之甚耳。

共儉孝弟。知義。時使。親以聽命。知禮。並謂教成之效也。若云訓使云云，則失語氣。並自作句，不屬上文。

事晉何爲。爲，去聲。言所以事晉者，非爲患難見憂恤乎。

林註：宋之事晉，果爲何事？晉必憂恤宋之患難。

自宋始矣。言今將始於宋以成霸業也。諸解以爲稱文公者，非。

一本取之以下十五字作代納魚石而已非取之則非楚地也

襄元年經圍宋彭城　彭城似非宋地而仍是宋矣何也楚取之而不有則非楚地也以封魚石則魚石非楚臣又非建國仍是宋之叛臣矣故其入彭城也經書復入復者還歸之謂也叛人而以還歸爲言者非以彭城宋地之故乎且旣入彭城則孫文子以戚叛高弱以盧叛何異傳文憒憒不得經旨

傳知武子來聘禮也　禮者禮其繼好而已矣與王喪沒干涉經註十月袝王赴未至正義又援曾子問作說皆回護傳文而强解耳不可從

二年傳知齊靈公之爲靈　靈只是惡謚矣註引謚法大

失傳文之意。中庸文王之所以爲文與此語氣正同。

姜氏君之妣也。烝畀祖妣。姜氏指穆姜襄公之祖母也。詩祖妣謂祖父與祖母也此引爲單指祖母也亦謂祖母之不可不敬耳季孫之罪在虧祖母也是爲不敬矣若於齊姜未見不敬之意。

非異人任。傳遜曰成公謂楚王爲鄭受辱故自任之以報德耳任字與上文息肩相應言楚恩至大非我任之而誰與非楚子任患之謂。

子罕當國。當國謂總領國事也不必言攝。二十八年慶封當國。註曰。秉政也此何以攝爲。

官命未改。 陸貞山曰官命猶公命耳非建官命臣之命官命謂號令嗣君卽位必一新號令者未改謂國喪猶新也四年傳固事君無失官命當參考

偪子重子辛 偪猶近也壓也謂威權漸壓上人也偪字未必有奪意。

三年傳組甲三百 賈逵曰組甲以組綴甲。

請歸死於司寇 傳遜曰絳方自裁以司寇主刑故以爲詞耳杜說鑿。

敢以爲請。 言請勿死也註請使無死使字恐衍文。

四年傳不終君也 終成就之義言定姒之喪不備是蔑

君不成其爲君

公曰后羿何如　絳語未畢公銳於欲聞故插口爲問耳

非怪不次

民有寢廟　寢廟以人居而言非鬼室前堂爲廟後室爲寢

戎狄荐居　服虔曰荐草也言狄人逐水草而居徙無常

莊子曰麋鹿食荐

逆喪者皆髽　始髽　鄭玄曰髽去纚而紒　魯人之髽豈始於是時哉傳文蓋有錯誤也按檀弓魯婦人之髽而弔也自敗於臺鮐始也似可據　婦人之髽與男子

之免同。是時喪多。不能備免服。故男子亦髽也。故曰皆髽也。杜說蓋如此。然是後不聞曾有男子之髽。故難從。

五年傳。公至自晉。　傳只明救鄫時公未還耳。三桓專命久矣。夫八歲童子何遙命之有。註鑿。

無重器備。　無重謂器什各一通。無副。所謂無長物也。器備專指用器。不數珍寶矣。上文金玉包珍寶在內。不當複言。

六年傳。桔華弱于朝。　桔首械也。旣見于莊三十年。難以勝矣。　陸貞山曰。不堪其司武之任。射子罕之門。　杜以射門爲桔之比。謬。門被射。何不勝任

一本寅卯以下作卯月之中節氣之名與今不同

之有。　射門只是志其忿而已。

堙之。　堙塞也謂埋其濠。

遷萊于郎。　遷其民也。

七年傳郊祀后稷。　后稷之祀特以始祖也非關農事夏殷郊祀可以見已且郊者報德之義已非祈祭矣獻子乃因后稷而附會爲大失理義。

啓蟄而郊郊而後耕。　啓蟄節名寅卯月之交不當泛指一月。　耕以事實而言非以爲節氣之稱。

穆子有廢疾將立之。　將立以爲嗣也未及卿位

好是正直。　介爾景福。　恤民爲德。　正直兼人與事而

言。介亦大也。恤民句與下二句是疏解仁字。唯承上文正直二字。不貼靖共句。註分屬非。

謂從者也。從縱同。是縱橫之縱矣。與下文衡字對。直道無邪曲爲從。衡反之

衡而委蛇。鄭玄曰。委蛇自得之貌。傳遜曰。順道而自得。則可以橫不順而妄焉。自得必毀折矣。

八年傳職競作羅。謂多言縱橫相牽制。如網羅也。

如匪行邁謀。鄭玄曰。匪非也。言不行而坐圖遠近。故不得於道路者。

憑陵我城郭。無所控告。憑凭據之義。與陵字意不相

遠也非迫之謂十三年傳小人伐其技以馮君子註馮亦陵也　控赴告也

一介行李　介个通即箇字矣一介一箇也未可解作獨使

賦摽有梅　誰敢哉　賦詩唯取汲汲及時之義矣註盛極則落詩本無此意亦非賦詩之所取可謂蛇足　敢哉謂不敢蓋不受及時之意也與下文何時之有相應同臭同味如臂之使手不須論及時也

九年傳庀刑器　庀府守　用馬于四墉　刑器謂鈇質之類　劉炫曰府守謂府庫守藏　墉城壁也用馬于

城之四壁。以祀四方之神也。昭九年。祈于四鄘。亦然。

或食於心。或食於咮。傳遜曰。漢書五行註說曰。季春昏。

心星出東方。而咮七星鳥首。正在南方。則用火。季秋星

入。則止火。以順天時。救民疾。據此是二火俱有出內也。

劉用熙曰。食于心。食于咮者。猶食邑之食。謂封火正

於火之分野。使掌出內之正令。非謂死而配食也。下

文居商丘。即食于心矣。

遇艮之八。正義。遇艮之八。不知意何所道。以爲先代之

易。其言亦無所據。賈鄭先儒相傳云耳。晉語。貞屯悔

豫。皆八。又得泰之八。說者以爲不動。故曰八。此艮之八。

乃謂艮之隨者則其說不可相通蓋當時別有其義而今亡也皆無所考諸家强解臆斷可厭。艮之八之之與艮之隨之之不同。註史疑八爲不利數句鑿已。

正義註遇一爻變以上皆似强解。

元體之長也亨嘉之會也。姜氏以元有元首之義故曰體之長也以亨通燕享之享故曰嘉之會也嘉德合禮亦以是義。

固在下位而有不仁。不靖國家。下位則與體長相反。不仁則與體仁相反故曰不可謂元也。不靖則與嘉德合禮相反故曰不可謂亨也。

棄位而姣。姣只是美好矣淫而曰姣婉辭已非姣字有淫義。

肆眚圍鄭。是句連上文亦號令之辭非敘事。

不可以爭。爭則暴骨故不可以爭也是無當謀爭之意爭字偏指戰爭

君子勞心小人勞力。是數句謂不辭勞也或勞心或勞力晉皆有之非偏自任勞心

門其三門。晉人三分其軍迭出伐鄭蓋如前謀也癸亥門其三門是晉之一軍與諸侯之師攻之也是時晉之二軍不出也杜泥三字爲三軍各攻一門謬甚果然是

大與前謀異且非所以敝楚矣

閏月戊寅　閏月如字註長暦可厭註門五日是謂無風生波　杜氏以為此年不應有閏而其長暦於明年十二月之後置閏也汰哉杜氏

先君之祧　魏了翁曰祧者取廟外之兆域為義祧即廟耳非親盡　古人謂宗廟為宗祊為宗祏為宗祧其義無以異也

要盟無質　服虔曰質誠也無忠誠之信故神弗臨也

輸積聚以貸　輸如字謂運致

十年傳封宋向戌　封謂以為之私邑也非建國附庸

以成一隊。一隊一列也。不必百人也。或十人。[illegible]人。

亦是隊。故此不必論人數可也。

既無武守。可重任乎。武守謂武教之執守。未及功

重任以負擔而喻也。

必爾乎取之。欲以正刑也。

言自會也。自會者以釋遂字也。無非之之意。

魯有禘樂。禘樂蓋謂天子大禘之樂。註三年大祭非四代之樂亦非夫四代之樂本於明堂位也。明堂位何足據哉。又傳文明言實祭用之。而註以爲群公不得用焉。是羣公輕於實乎。謬甚。按劉炫曰魯以享實當時之

失用之已久。遂以爲常。荀偃士匄引過謬之事。以諂晉侯。使聽宋耳。是劉氏徒知以享賓之失。而未知以祭周公之非也。夫既僭禮。何用分疏。諸說皆回護。不足深辨。

圍宋門于桐門。　傳文明言圍宋。而註以爲不成圍。何謬哉。

有夫出征而喪其雄。　禦寇之利也。　雄將帥之象。故文子以喪雄。疑吾之不利。定姜乃以爲喪彼之雄。故曰禦寇之利也。蓋由出征。生解耳。鄭侵衛出征者也。衛人應之者也。非出征。

周猶不堪競。　周詩多稱無競。故獻子據詩而言也。或曰。

傳文脫引詩一節也。

言無大夫。　大夫豈必卿註謬蓋泥傳例之過耳。

諸侯既有成行。　成行謂歸計一成決定矣與成命成法之成同。

不如致怨而還。　致猶寄也謂以未報之怨寄致于彼也。後註以侵北鄙爲致怨外。

篳門閨竇。　家語閨作圭爲是釋文閨本亦作圭。

牲用備具。　合註牲犧牲用器用。　周之東遷七姓獻其所有以給國用故曰王賴之非謂以犧牲祭祀爲職。

騂旄之盟。　傳遜曰爾雅犣牛郭璞註旄牛也考韻書犣

一本無各征其軍一條

牛牡也是卽詩所云騂牡耳凡有事用牲皆牡

刑放於寵　放縱也謂寵人雖有罪而不加刑也

十一年經作三軍　是三分公之所有而三家各名其軍也不得據古法筭人數傳文甚明何容異議　正義春秋之世兵革遞興出軍士卒之數無復定準鞌之戰晉車八百乘平丘之會叔向曰寡君有甲車四千乘在紅之蒐魯之革車千乘明知此分合竟之民以爲三軍軍之所統其數異於禮也

傳各征其軍　征其軍猶言領其軍也亦以興役爲言耳未言及家屬租稅

一本組紺以下八字作唐叔以下群公也

政將及子。子必不能。是時叔孫氏爲政季氏雖彊未能擅斷焉必先請于叔孫氏故穆子言政將及子謂國政次第且至季氏之手也非謂霸國政令。鍾伯敬曰。穆子知季氏將執魯政必厚自封殖不能分均爲三

盟諸僖閎。閎巷門也。

不然不舍。不舍猶言弗措也。傅遜曰不然不舍謂三家本謀如是非盟詛也。

先王先公。十二國之祖。先王謂大王王季文王先公謂組紺以上至后稷也此不數宋鄭及諸國之先祖單舉晉也故下文云七姓十二國除晉而數之也十二非

一本有七大夫賓祭用樂鄉飲亦有樂。然是升歌下管之類小樂。已至于鐘鼓鏗鏘。鳥獸蹌蹌。是爲大樂。是非小地所能容。用人

誤。

諸侯悉師。國内之兵賦盡起以從也。是但謂多率兵耳。

勿泥。

便蕃左右。　便蕃。順奉之意。

始有金石之樂禮也。　禮也者。禮其賞有功也。非指始有樂。按禮大夫之家賓祭作樂。非必有功君賜而後有之也。又不特大夫。雖士亦或有之。禮也。春秋之時。禮樂壞崩。而武力是尚。故雖大夫之家有無金石者。魏絳當初無之。而君賜始有焉。是自時勢之使然。何足以爲法也。或據此文。乃言自非有功而君賜焉。士大夫皆不得

亦多樂器以下非常常士大夫所能備焉故有大功而後賜焉所謂金石之樂謂大樂也一條而無禮也者以下二條

作樂禮也大謬

十二年經吳子乘卒　劉炫曰杜於五年註以爲公及盟還而不以盟告廟也今註云會於戚公不與盟而赴以名何爲兩註自相矛盾

傳同姓於宗廟　同姓與上文異姓對而包下同宗同族及始封以上之別而言　宗廟是泛稱包下祖廟禰廟及始封以上之廟而言

同宗於祖廟　同宗是與我同宗者乃是始封以下之別耳　祖廟有四曰始封大祖曰高祖曰曾祖曰祖同宗之出自始封以下高祖之前者臨於始封之廟若曾爲

一本。無此同族以下二十一字。

邢凡等臨於周公之廟是也。其出自高祖者臨於高廟。出自曾祖者。臨於曾廟。出自祖者。臨於祖廟。

同族於禰廟。　同族。出自禰者耳。乃是兄弟以下矣。　此同族自以諸侯而言。與卿大夫同族稍異。不當相混。以上一節。註都謬。若其以宗廟硬作所出王廟。不亦妄乎。宗廟者。通天子諸侯大夫而言。豈可限以一物哉。且魯立文王廟。鄭立厲王廟。本非禮也。況他國豈必有所出王廟哉。此初揭諸侯之喪。則通諸國而舉其例可矣。安可據魯而解焉哉。

魯爲諸姬臨於周廟。　始封以上之別。魯則臨於周廟。則鄭宜臨於厲王之廟。他國始封之上。別有始祖之廟者。宜臨於始祖之廟。其無始祖及出王者。葢臨於始封之廟矣。此雖無明文。以類推焉。

若而人。姑姊妹。若而猶言若是也。而非定辭。是舉年齒排行而言。若而亦云云之類耳。非不毀譽之謂。王荊石曰。若而人。設爲對辭。不可實以某某。故曰若而人。非應答之詞也。此姑姊妹。就姑中列姊妹也。猶言姊姑妹姑也。如伯父叔父之有差。昭三年先君之適及遺姑姊妹。當參考。

十三年傳。書勞于廟。告廟飲至策勳。三事卽一禮矣。十六年所謂飲至之禮是三事備舉耳。註偏行一。謬矣。夫諸廟飲酒而有弗以告者乎哉。弗思之甚。

師救邿。　註不滿二千五百人。拘甚。解左傳者亦可識經之文法矣。不得妄生解。

蒐于緜上。　蒐固爲命帥也。然判而言之。命帥在蒐之前矣。而蒐所以顯示於衆也。非蒐而後命之。是又不可不知焉。註與衆共句未穩。

一人有慶。　引書以證上文一人刑善句也。不當作天子解。　慶猶善也。

儀刑文王。　引詩以文王爲能刑善也。不當作用法解。

春秋窀穸。毛光曰。窀穸墓穴也。王若虛曰。窀穸字從穴。葢塚壙之稱。

以吴爲不吊。不吊昊天。不吊只謂不吊恤楚喪也。下文引詩。意專在不吊二字。而昊天二字無所取義也。杜乃泥詩文。用天道作解。以湊合焉。非。

城防書事時也。時。卽常節矣。卽事間矣。非就常節中別討事間。此若早城則失時矣。卽失常節矣。卽失事間矣。曰書事時也。與曰書時也。無以異也。杜就事字强生解耳。

十四年傳。來姜戎氏。四嶽之裔冑。來發語辭。四嶽。

是四方之伯。四人也。以爲一人者。非。說見于尚書。堯之時有之。舜之時亦有之。夏雖無所考。恐亦有之也。且其職任非輕。非可繼襲焉。想必擇德而命焉。則唐虞二代亦宜不下十數國矣。決無皆姜姓之理。況允爲姜之別。允爲無據。又戎之姓氏。於傳文無干係。何苦作不根之說以嘵嘵哉。可厭。

子叔齊子。陸貞山曰。齊子。謚也。非字。叔老。公孫嬰齊之子。不應以父名爲字。

所以待夫子。是影語矣。可妙悟。勿著泥解。

皆服而朝。服。謂更盛服也。卽只朝服。固不待言。

使大師歌巧言大師辭　大師亦瞽耳非大夫　辭恐以速亂故辭不歌之也

并帑於戚　孥妻子之通稱

庸知愈乎　愈勝也言逐君更立未知能勝於今日與否也

甄人執之　劉用熙曰公雖居甄甄人反執公徒言公失民也

射爲禮乎　射兩軥　射軥非不射也不射人所以禮於師是射不爲戮又不背師一舉兩便之意非禮射之謂

軥衡端卷者註所謂軛即是衡矣馬曰衡牛曰軛元

非一物。而此相通而言耳。

無告無罪。　傅遜曰。蓋自議論之耳。

有臣不敏。　不敏猶言不肖不才也。杜以達解未愜。

知朔生盈而死。　據傳文。盈是朔之子。罃之孫也。註牽强。

卿置側室。　側室猶貳宗也。卿與大夫異其稱耳。非官名。

既見于桓三年。

遒人以木鐸。　徇于路。令獻規諫陳利病也。若只求歌謠。何用木鐸。

世胙大師。　胙祚同。福也。賚也。不當訓報。蓋世襲大師之職也。

假羽毛於齊　羽毛只是謂旌旗之屬耳傳文未見全羽析羽之別又不必王章餘見于定四年

十五年傳官師從單靖公　劉夏是聘使故書單靖公非聘使故不書劉夏過曾無明證恐是杜之臆斷難從

嗟我懷人　斷章取義此何必講后妃之志註蛇足

甸采衛大夫　甸謂供御之田采衛皆王朝卿大夫所食采也故以大夫結之耳今周官一書不當據而周制無得而考焉杜據周官作解不可從　按禹貢采雖在侯服而尤近甸服以其爲王朝卿大夫采邑故曰采也唯衛恐亦與采隣耳禹貢五百里甸服甸服是畿内之稱

非若周官於畿外別立甸服也。

易淫樂之矇。　易入聲。

左氏雕題略卷三終

左氏雕題略卷四 據杜氏集解

浪速　中井積德著
唐津　山田寛校正

十六年經。葬晉悼公。　往年十一月卒。此年正月葬。正是三月矣。杜云踰月。偶失考耳。正義回護作說者非。

叔老會鄭伯晉荀偃。　皆大夫而諸侯惟鄭矣。故序晉上也。傳似未得經旨。

十七年傳。何以爲役。　役如字。言如此則不可曰役也。

齊縗斬。　縗斬猶言斬縗也。是舉服名耳。非指胷前之縗而言。夫胷前之縗蓋非古義也。當別論焉。

十八年經曹伯負芻卒于師。用加等之禮與不無明據

註不必論。

傳齊侯禦諸平陰。經書圍者非指平陰乃事在入平陰之後門于雍門門于揚門門于東閭伐萩焚竹木焚郭皆圍時之事矣註謬。

塞隧而殿。傅遜曰衛所謂險者必有在此戰敗而奔不得已而連大車以塞隧豈所謂險者乎註謬。

自後縛之。縛卽下文所謂面縛是也非反縛。

吾驟歌北風。南風不競。歌蓋徒歌北風北國之詩南風南國之詩不競謂聲調不盛也註吹律以詠八風舛

一本無是專黜諸侯一條

十九年傳諸子仲子戎子。傳遜曰按管子云中婦諸子。房玄齡註諸子内官之號又哀五年傳諸子鬻姒與此同。戎子。葢戎女。

是專黜諸侯。與上文閒諸侯意正同非謂大子爲諸侯婦人無刑。刑字泛通大小而言不特黥刖也婦人無刑爲常。故下文云雖有刑不在朝市謂非常也。

王追賜之大路。大路葢亦車名非總名是不可據周禮拘說餘見于二十六年。

揖之乃登。齊侯本意欲降之而衛無降意不乞憐故揖而謝遣之也。

一本本作詩。

二十年傳賦魚麗。卒章曰物其多矣維其嘉矣物其旨矣維其偕矣物其有矣維其時矣。六句爲一章今本判爲三章者非只是謝盛饌耳非謂聘得時。

賦南山有臺。凡賦詩不言幾章者皆是首章矣。則此詩宜唯引邦家之基不當兼引君子之光。

二十一年經九月日有食之。十月日有食之。連月日食決無是理葢書記錯誤云他並倣此。

傳妻之而與之邑。魯別與之邑也若漆閭丘彼自有之非魯之賜。

念此在此。名言兹在兹。允出兹在兹。引書言其本

皆在我不可他諉也句末茲字並謂我也　名言是一箇事件不可析爲兩箇　允字活實之之辭下文信字與此同

其爲不知乎　陸貞山曰譏其不能保身非謂不能去也

優哉游哉　傅遜曰逸詩也采菽篇曰優哉游哉亦是戾矣

有覺德行　夫子覺著也　覺只是形容其德之顯著也

不偏在正直

今壹不免其身　壹一也指叔向之身也一身與上文十世作對

莊公爲勇爵。陸貞山曰爵飲酒器設此以觴勇士因名勇爵。非爵位也。

二十二年傳臧武仲如晉。是行也傳不言其故今無可考不必論焉註亦臆斷不可從。

御叔在其邑。邑御叔之私邑采地矣非公邑下文倍其賦倍征於私邑也註並謬。

以受齊盟。齊側皆反是齊戒之齊非齊同之謂。

見於嘗酎。嘗酎卽嘗祭矣嘗祭獻酎故稱焉漢代因之漢書註正月作酒八月成名曰酎。

以爲口實。謂徵責之言常在於口也書曰以台爲口實。

翦爲仇讎。謂晉之從變爲楚也。翦。剗削落剖分之意。註見剗削。不堪命文意顛倒。不可讀。

黜官薄祭。黜官。謂減家臣僕御之數。

殷以少牢。殷盛祭也。謂虞祔練祥之屬。重於時祭者耳。非一祭定名。註三年盛祭。是無贅之說。不可從。蓋自其三年一禘之說變來耳。

愼爾侯度。詩傳。侯度諸侯所守之法度也。

爲王御士。謂爲近習侍御之臣。

唯二三子。是句難通。蓋下有脫漏也。

遂縊而死。左氏意。蓋哀弃疾而有取也。不是譏康王。且康王以謀告之而已。非與之謀。註誣。

不然請止。 止，謂息交。

請舍子明之類。 意專在絕惡人之嗣也。良之不賢，傳未言及。註蛇足。

二十三年傳禮爲鄰國闕。 言鄰國非親，猶闕之禮也。況甥舅乎。夫諸侯絕期，以尊卑懸絕者而言。若敵者，非可降殺。註謬。

慶氏以陳叛。 叛即死矣。不足言也。故經不書叛耳。註不以告，臆斷已。

板隊殺人。 隧，板壓死人也。役人素不服於二慶。於是忿怨相呼而起也。

不可肆也。　肆赦宥也。書曰眚災肆赦。

知悼子少。　正義計悼子年十六。不得爲十七。註傳寫誤。

七輿大夫。　是總稱之也。非一官名。乃掌輿之大夫七人耳。見于傳十年。

二婦人輦以如公。　如固宮。　婦人二人。引宣子之車也。

固宮宮名。

斐豹隸也。　隸賤役也。豹素賤耳。犯罪是別一事。非謂沒爲官奴。

欒免之。　申鮮虞之傅摯爲右。　免一本作勉。似長。　之傳摯二字衍。

及旅而召公鉏。 使與之齒。 禮獻酬既畢。堂下卑者。舉爵于賓。於是堂上堂下交相酬也。謂之旅酬。使與之齒。謂令公鉏與堂下卑者齒列也。時悼子在堂上。則其位懸絕矣。非公鉏列悼子之下。

必爲孟孫。 謂立爲孟孫氏也。註失語氣。

季孫之愛我疾疢也。 藥石也。 季孫之愛。姑息縱之。故喻之疾疢。孟孫之惡。常有規正之言。故喻之藥石。不專在志之從違。

臧孫曰無辭。 言無罪可盟也。若廢長立少。比比皆然。非特時人不以爲罪。臧孫亦不自知罪。註謬。

重賂之使無死。莒子欲求成。懼殺二子之怒齊。故賂之。令弗戰而退也。二子離其師而遇大軍。戰必死矣。故謂戰爲死耳。非致死戰之謂。

下妾不得與郊弔。傳遜曰。據檀弓說此事。蓋以行弔於野爲非禮。故弗受其說。不可易矣。檀弓稱蕢尚弗如杞梁之妻。則禮無男女之異也。

二十四年傳。自虞以上爲陶唐氏。是一節杜註蓋多牽合。然今皆無所考。亦不可窮詰。闕之可也。

樂只君子。謂其德容樂易也。是承上文證有德而樂者。

爲邦基也。非樂美其道之謂。

上帝臨女。無貳爾心。　引詩。言武王素有令名。故人心信服。不復疑貳也。是有令名之效也。註失前後。

象有齒以焚其身。　象多力難制。攻之以火。故云。

寡君是以請罪焉。　罪焉。辟之也。卽請伐之也。

必取其族。　我兵不戰。則他國之兵必來。謂之取族。其字。指兵。

大國之人不可與也。　謂難與共執事。

已皆乘乘車。　乘車。平時所乘。文車也。是對廣車而言。非安車。

踞轉而鼓琴。　轉。疑縛之譌。不然古字通耳。下年閭丘嬰以帷縛其妻。是也。縛如今袱包。

二十五年傳。風隕妻。句不可娶也。　林註。妻字爲句。宜從。六三之陰。有妻象。坎變爲巽。而失妻所在。巽風也。故曰風隕妻也。

崔子因是。　因是。與下欲弒公文相接。中間別插一事。說耳。

近於公宮。　合註。杼之家近於公宮。尤當警備。

祭於高唐。　蓋祭山川之神也。非別廟。

爾以將免。　是申蒯之妻子。非宰之妻子。

將庸何歸。趙子常曰是卽覆說上文君死安歸之意耳。

所不與崔慶者。乃歃。是略舉盟首也晏子臨歃弗肯受是盟辭改之云云然後歃也傳文乃歃二字可以見矣。盖晏子之前已有歃者皆從所不與崔慶者有如上帝之辭也晏子非據第一位者及盤至手乃改辭耳非讀書未終抄荅易辭之謂。

其弟又書。崔杼之弑固暴白非以瘧疾赴之比則其罪之發聞豈必待南史之筆哉註泥甚。

下車七乘。服虔曰下車遣車也。

男女以班。劉炫曰哀元年蔡人男女以辨與此同示晉以恐懼服罪非以爲賂也。傳遜曰。此年子産入陳使其衆男女别而累亦與此同。

皆有賂。劉炫曰。皆有貨財賂之非以男女爲賂。

晉侯許之。晉侯以齊不服而興師齊服而還自宜無譏矣杜乃以有喪宜退爲説何也夫聞喪而退師者恤人之喪也齊莊遇弑晉若恤之當遂進師以討弑君之罪焉何以退師而禮於罪人哉。

數俘而出。此俘卽指别而累者非陳上囚虜故曰入數俘也下文獻捷于晉亦應有俘乃陳上囚虜矣與此異。

我周之自出。謂自周而出也與下文自立自入文法正同非謂甥。

不可億逞。　億猶恕也逞放縱也。

拜陳之功。　謝晉受其捷不以爲罪而歸功於鄭也。

書土田。　是一句爲綱下數句皆其目也豈特土地之宜哉。

鳩藪澤。　陳負山曰鳩聚若周官澤虞使其地之人守其財物以入于王亦豈專以備田獵哉。

辨京陵。　表淳鹵。　數疆潦。　規偃豬。　京陵亦有薪蒭之資不必皆冢墓。　鹵鹹地。　疆潦是二物封疆之田動受他國之侵掠有流潦之地每受水害並不可恒其租入故別之耳。偃堰通豬瀦同謂陂池也規者定其廣狹也。

賦車兵徒兵。劉炫曰兵者戰器車上甲士與步卒所執兵各異也。

若啓之將親門。啓誘導之令來也隱元年大叔將襲鄭夫人將啓之事不同而字義則一此縱令開門而延之亦不得以開門釋啓字。

思其復也。復反也慮後之有反復而審備之也

會于夷儀之歲。古者經傳各異卷及元凱作集解傳始合于經然則是三十五字跳出在此者既作集解之後一本或元以下作必出於後人妄分卷者也元凱之卷數蓋非如今時則無跳出之嫌。

可得而言焉。前是亡論也。註當繼前年以下。蓋後人之攙入。決非元凱之筆。跳出在此者。或元凱故意爲之。不然後來傳寫之誤耳。

二十六年經。弒其君剽。　剽雖立在位。而衛侯衎在外。是剽未成君。已正與鄭子儀同。則經似不宜稱弒君也。豈別有義邪。闕疑可也。

入于戚以叛。　衎雖在外。經仍書衛侯。況剽既死。則衛衎之國已。註以未居位爲說。非也。

傳。朱也當御。　當御猶當直也。婦人當御。可以證焉。

拂衣從之。　拂衣與投袂略同。非褰裳之謂。

使子鮮爲復。 爲平聲使子鮮幹于復歸之事也。

多而能亡。 猶言得亡爲幸也彼亦或以取死若能亡矣。爲幸多也非爲義之謂。

殺子叔及大子角。 正義剽是子叔黑背之子即以子叔爲氏也子叔是黑背之字。

大夫逆於竟者。 獻公以遠迎者爲厚於己通者爲薄而隆殺其待遇耳以見其狹中無人君之度也又與下文讓大叔同一轍矣非驕心之謂。

吾子獨不在寡人。 在如字其志不在於寡人也志不在焉所以不通問註混同作解非也 陸貞山曰衛侯以

文子不通内外之言故怨之其曰不在寡人猶鄭厲責原繁云爾若文子之譏甯喜特私說之耳何得聞之

非所怨勿怨　引此但言文子在所當怨也非親親之謂

厲之不如　厲惡疾之人也貧者惡疾無所得食多爲乞丐厲之不如是賤惡詬罵之言耳非惡鬼之謂

賜之先路　趙子常曰晉以黻冕命士會傳云請於王此不言請則自賜之也蓋禮樂之自諸侯出久矣杜謬按十九年鄭公孫蠆卒王追賜之大路二十四年穆叔如周王賜之大路杜並言大路所賜車之總名此又以先路次路爲賜車之總名夫賜車何其總名之多也且

謂之總名不應有等級何故賜子展以先路而子產以次路也曰先曰次不得云互文承以再命三命不得云無等級杜蓋考周官無大先次路者故妄作此解耳是固執周官者之過　蓋命車有大路有先路有次路其制雖不可考而要之名不同則度數自異因爲隆殺耳按尚書顧命大輅在賓階面先輅在左塾之前次輅在右塾之前是自天子所御又與命車異戴記所說亦是不得混同作解

先八邑　劉炫曰論語十室之邑又杜註免餘之邑爲一乘之邑又宋鄭之間六邑嵒戈錫等杜何以知此邑非

彼等之邑必以爲四井之邑。按正義辨劉說云子展子産先有采邑今加賜田土不應更以八个大邑而又與之。是妄助杜而誣劉也劉援嵒戈大也援十室小也謂其大小無準未嘗言若嵒戈之大邑八个也。

臣不敢及賞禮。賞禮只是賞也禮字意輕言我不足受見賞之禮也。

懿氏六十　謂六十邑也懿氏蓋其總名也豈前時懿氏者所食邪二十八年與晏子邶殿其鄙六十註云以邶殿邊鄙六十邑當參考二十七年與免餘邑六十亦同

趙武不書尊公也。傳無罪武之意註蛇足或於經發之。

可也。

賦鑾之柔矣。按周書引詩云。馬之剛矣。鑾之柔矣。馬亦不剛。鑾亦不柔。志氣麃麃。取與不疑。大不類乎三百篇之體。恐亦後人之僞撰。難據作解。

寧失不經。不經。無統紀之謂也。訓經爲常者。在此不當。

命于下國。封建厥福。林註所以上天眷命。奄有下國之衆。封建。謂封殖建立之也。

加膳則飫賜。君食加膳。盛於常膳。故其餘以飫賜焉。非謂飫賜爲加膳。

寘諸戎車之殿。車殿。謂車後也。殿。臀也。猶駟乘之類云。

一本帥作將

以其知楚情欲訪問焉故載之車後耳非寘之後軍。

獲申麗而還。 聲子之語蓋以獲申麗爲繞角之時事也。考上下文不得爲後年之事豈傳聞有謬而爾邪將誇張之辭有牽合也註分疏害文意。

不善是也。 是之也指雍子。

明日將戰。 至是句皆命辭矣非敘事。

欒范易行以誘之 賈鄭讀易爲變易之易得之但賈以行爲道鄭以行爲卒伍則皆失之蓋行謂行陳之位也。中軍之帥其兵衆且良范氏以中軍之佐與欒氏迭易其位中軍之佐其兵不衆所以誘楚。

將與之縣以比叔向。比者以祿秩而言，非指材能。

昧於一來。昧，暗也，冒也。謂不瞻前顧後，如昧死之昧，未見貪意。

涉于汜而歸。是濟汜水也，非汝水。汜葢水名，其爲地名亦因水而名焉。夫江海桑田，古今之變何限，不得貴目而賤耳。

二十七年經。叔孫豹會晉趙武、楚屈建。林註：書先晉，春秋不以夷狄先中國也。按傳書先晉，晉有信也。杜據之然，似失經旨。

豹及諸侯之大夫盟于宋。豹去族，葢受上文也。與諸侯之大夫不再序意同非貶辭重曰于宋以間有事也傳恐失經旨。

傳從之昭吾所以出也。 言能治其事以見其賢也則人知吾所以出之由矣即是顯君之惡矣君也兄也將何所愬焉。

如稅服終身。 服虔曰日月已過乃聞喪而服是爲稅服稅服比本服爲輕禮既葬朞九月者飲酒食肉是兄弟之稅服蓋唯衰麻在身之類已獻公特服而終身深痛之也然非不飲酒食肉者故曰如稅服也。

與免餘邑六十。 唯卿備百邑。 正義杜以爲一乘之邑。

合論語百乘之家其實一乘稱邑文無所出　古者稱百乘之家者泛語大夫之富耳非以爲定禄也孟子又有千乘之家可以見矣杜註牽合大舛理且以制度言之周初諸侯皆方百里方百里之賦爲百乘百乘之國爲得有百乘之臣　邑通大小而言卿備百邑亦因時俗大概言之耳其實非有定制也餘已見于二十六年

晉楚各處其偏　偏謂兩頭之端是爲一字營晉楚處兩端而諸小國處中間也其方位未可知註鑿

左還入於宋　左還者因地形而言其營列方位不可知而左只是左方耳左方旋轉有何深義杜必欲以東爲

一本無又非以下十四字。

左故賁解已不亦迂乎

單斃其死　傳遜曰單獨也自斃以死也　謂不能害人食言者不病非子之患也　不待病而死則食言是彼之患也非此之患

因宋以守　病則夫能致死　陸貞山曰病字屬下謂爲楚所攻而病則宋同受其禍必能致死助我

曰視邾滕　言違命也　所謂視邾滕者指列國之邾滕也非指私屬之邾滕邾滕既爲私屬矣則叔孫之弗從信得其宜矣是不可譏者且不可謂違命又非公命而誣以公命何必死守焉是條傳既失經旨而註更回護

牽合爲其大順小是之說。多見其窮矣。

陳信於鬼神　合註。布其誠信於鬼神。德足以副之。故辭無所愧。

賦鶉之奔奔　賦詩不稱章第者。皆首章也。伯有所賦。唯取以爲兄意。蓋在子展之等也。趙孟所謂志誣其上是也。不當挾以爲君作解。　詩以鶉鵲比無良之人足矣。無鶉鵲之不若之意。註襲詩序之謬。

賦濕桑　是狀既相見之樂也。其樂如何。爲樂甚不可述之義也。註思見君子。盡心以事之。是詩序之謬說。不可采入。

吾子之惠也。謝其來相見也。言邂逅之喜，亦吾子之賜也。

匪交匪敖。匪交當據詩作彼交，不然文義不通，註又不解釋焉，蓋傳寫之誤云。

公怒之，以爲賓榮。合註顯然歌之乎衆爲榮，寵於賓也。

公拮鄭伯者非也。按是解本于劉炫。

幸而後亡。言出亡得免殺戮則爲幸也。與下文子展後亡意大不相類。

誰能去兵。向戌之弭兵息戰爭，以休息民也。兵革武備固存焉，非廢之也。雖當時有難行者，而其意自美。且其弭兵與武王偃武稍相近決非始皇銷兵之比子罕之言誣亦大甚不足勝辨即以議始皇則可焉得以規武王。

削而投之　邦之司直　有功而求賞固非君子不伐之道然在左師輩固其所矣不可深非之子罕削之則擅恣大甚蓋生於妬娟之私者乃以司直褒之我所不解

何以恤我　是周頌維天之命篇今訛作假以溢之非逸詩。

崔成有疾　疾不必癩

彼君之讎也　君謂景公也弒莊公之故

堞其宫而守之　正義謂新築女墻而守之。

辟諸大墓　辟猶埋也二十三年孟氏將辟註辟穿藏也

大墓蓋京陵名也註闕先人之冢恐未穩

楚遠罷如晉涖盟　宋之盟大夫盟也荀吴如楚遠罷如晉國君盟也故並曰涖盟也註不得云報夫涖盟更迭爲之者何報之有

再失閏　古人置閏必於歲終不以中氣有無也閏有間二歲者有間一歲者要之曆法未密易致參差所謂司曆過者非連失兩閏蓋以推步疎濶之故漸失天度至此差兩月也差兩月者以失閏再次也是自後推而知

之者。造長曆者誰。推長曆者誰。元凱自造焉。而自推焉。則置閏之疎密。唯意之所欲。輒以長曆嚇人。何無忌憚之甚。按釋例云。魯之司曆漸失其閏。至此年日食之月再失閏。於是始覺其謬。遂頓置兩閏。以應天正。前閏爲建酉。後閏爲建戌。十二月爲建亥。而歲終焉。皆牽强之說。不可從。趙子常曰。傳言司曆過也。蓋指王朝曆官。哀十二年。亦謂魯實有曆官。承劉歆之誤。劉說見漢志。劉敞曰。如頓置兩閏。眩聰駭俗。非人情也。周密曰。杜所造長曆疏密不齊。多可疑者。如此年。則一歲兩閏。然前此者二十一年。二十四年。二十六年。皆有閏矣。何緣至此失閏之再。而獨置兩閏乎。此其立法。殆不可曉。

二十八年經。春無冰。　春無冰者。記異也。然前此再失閏。則此年正月建戌。二月建亥。三月建子。其無冰宜矣。但當時不知再失閏以致此。覩春無冰以爲異而記之耳。梓愼禆竈亦不知曆之失。妄意推禍福耳。其言之驗不固不足論矣。左氏自後追筭之故。知曆之失。而無冰之非異也明矣。杜頓置兩閏之說。妄甚。蓋必欲無冰爲異。以合於梓愼禆竈之言焉耳。

十有二月甲寅。天王崩。　乙未。楚子昭卒。　甲寅之後四

十二日始得乙未蓋比歲終置閏而楚子卒在閏月也
春秋記閏月之事蓋月而不日者則稱閏矣若日之
者不必稱閏總統於前月也

傳迷復凶　迷復迷於復也易傳終迷不復者也　合註
以陰柔居上迷於復善之道所以凶也

以其洎饋　御者知其非鷄也懼並罪焉故去肉耳當時
偶有是事而二子謬怒慶氏也其實非慶氏之爲亦非
癸何之謀

得慶氏之木百車於莊　木薪也六達謂之莊

慶氏之馬善驚　馬以優之喧擾而驚善多也與詩女子

善懷之善同。

至於魚里　劉炫曰圍人從旁爲優引行以至魚里。

動於甍。　甍屋瓦也。

與晏子邶殿其鄙六十。　邶殿都也而有鄙邑六十鄙屬邑也。

國人猶知之皆曰崔子也。　以屍未壞猶可辨識之故也。

註不通。

季蘭尸之。　詩季女此作季蘭者蓋以爲女之名字也非謂服蘭之女。

叔仲子專之。　謂其謀專美也。

喪之如同盟　宋之盟晉楚大夫以君命要言結盟也非自爲盟也則兩君自有同盟之誼而大夫不必有其親文子乃喪之如諸侯同盟者之禮所以爲厚矣如舊解如字不可讀夫衷甲之隙固亦不廢盟何用如字爲

二十九年經公在楚　林註公在外闕朝正者甚多而唯書此一年者危在楚也

吳子使札來聘　季札來聘經在五月下無六月文註云六月到魯者以傳載在六月城杞之下也然城杞經亦在五月宜以經爲正

傳挑茢先祓殯　周禮鄭註茢苕帚也　陸貞山曰說文

裂黍穰也。茢芀也。又釋芀曰葦華也。茢裂二字自異。芀亦作苕。爾雅謂之亂。祓殯者以苕爲帚。非黍穰也。杜誤以裂爲茢。

及舍而後聞取卞。 公冶退之後。公發書知取卞而公冶未之知也。就舍而後聞之。

賦式微。 詩傳。式發語辭。

非德賞也。 德謂恩澤也。非有德之謂。

子皮即位。 即位謂嗣立承其家也。未除喪豈遽爲卿也。下傳季札言鄭之執政侈。指伯有也。裨諶論執政位班。以子產次伯有。皆未嘗及子皮也。亦可以證。

一本自以作以其

鄰於善民之望也。鄰近也。是二句美子皮也。言其所爲近於善。是民之所望以爲表也。

夏肄是屏。詩傳。斬而復生曰肄。屏藩也。謂庇蔭保護之。是固爲城杞而言。但不可直以屏字爲城築。

子容專。專謂擅恣也。

侈將以其力斃。謂自以有力反致顛仆也。非力盡而斃。角牴多力而技下者。往往自因其力而蹜。是雖鄙事。可以喻焉。

不尚取之。毋寧夫人。服虔曰。不尚。尚也。尚當取女叔殺之。又曰。毋寧。寧也。寧自取夫人。將焉用老臣乎。

書曰子賤之也。杞稱子。自貶也。前已論之。此傳似未得經旨。上文所云卽東夷。亦但謂親從於東夷耳。不必以爲行夷禮之證。

子其不得死乎。不得死。謂强死不令終。例爲然。杜蓋以穆子死于牖下。嫌是言弗驗。故特作壽終解耳。殊不知。穆子晚罹豎牛之禍。以饑死。則不可謂令終矣。何弗驗之有。亦何用別解。

請觀於周樂。註以周公故有天子禮樂。是襲漢儒之謬說也。不可從。

此之謂夏聲。秦國卽周之舊都。故其聲夏也。夏聲猶言京音也。故曰周之舊也。非謂去戎狄之音之謂也。即以爲諸夏之聲。則十二國南雅頌皆夏聲矣。何特秦。秦建國在東遷之後。則秦風皆東遷後之詩矣。若夫東遷以前之秦。則附庸微末。不足論焉。註蓋主車鄰駟鐵而言。亦泥小序耳。不可從。傳文以夏聲意其周舊也。註判爲兩事。謬哉。

美哉渢渢乎。大而婉。渢古音凡。即汎字矣。浮沈宛轉之貌。非中庸之謂。婉委曲不直遂也。

思而不貳。怨而不言。先王之遺民。陸貞山曰。二雅篇數既多。當時樂師或間歌其一二。札因就所聞而評議之服虔以爲歎變小雅也言思上世之明聖而不貳於當時之王怨當時之政而不有背叛之志也其周德之衰微乎先王指文武成康也　按陸所云閒歌一二者當通前後不特二雅

爲之歌頌　直而不倨　正義此當是歌周頌自直而不倨至行而不流之十四事皆音有此意明王者之德盛德之所同也　劉炫曰此直據周頌非挾商魯頌說且魯頌只美僖公之德本非德洽之歌

象箾南籥　象與南是舞名箾與籥是器名舞者所執註不分曉何居　正義箾卽簫也尚書曰簫韶九成卽是

也。程大昌曰。南籥者。二南之籥。鼓鐘之詩。所謂以雅以南。以籥不僭者也。

觀止矣。傅遜曰。季札以韶樂德至盛無加。故云雖有他樂。不敢請。非謂樂之終也。杜以季子聽樂知政。極其評議之當。似非一時聽聞所能。故臆度之。以爲其在吳素所涉見。故能然。今總讀傳文意。皆似得於聞音而以意測度之者。非素知也。然非素知而能之。則季子雖賢。恐未能至此。或左氏有附會。不可盡信。而杜多曲爲之解耳。曰夏邑曰五聲和。曰八風平。與政何所干涉。註謬。

與之縞帶。與縞獻紵。雖微物相贈。亦是地產所名。以見相愛之深耳。不當著義解。

君侈而多良大夫句皆富。　君侈則人心離焉。臣良則人心歸焉。且富者人之所趨。自然之符也。不必以厚施作說。

其與幾何。　謂無與之者。

則世隆也。　謂世世才德高隆也。

三十年經宋災故。　是三字竊疑是傳註誤入經文者然三傳皆據是句生義。則亦難言非經文。闕疑可也。

傳。無子而往句與於食。　往往役也。往役故此亦受享也。

此下註十三字。註疏本無之。

一本。無又此以下十三字。

有與疑年。　正義。與謂與同食者。　此下註。疑其年以上十一字。註疏本無之。𤈦也豹也。　以長狄名字。唯𤈦無所見。其夭死與病廢皆不可知矣。不得以無所見謂𤈦也。不以名焉。

七十三年。　正義文十一年至此年。爲七十四年。而云七十三年。全年筭之也。　以節氣筭之。一年三百六十五日三時。則全七十三年。爲二萬六千六百六十三日三時。昭元年傳。於今七年。當參考。　是年二月。以夏正數之。爲前年十二月。全年之數昭然。又此老人未必生于三月以前。則在夏正實爲七十三年。不別討全年。

一本二五下有爲字。

亥有二首六身。舊解葢以爲亥篆文作𢀜下二一豎置身旁則爲𢀜。然傳文唯言下二如身而無豎之之說是後世筭位縱一爲一横一爲五故以其所覩强作解耳。吾恐春秋時筭位未必然也傳文旣言亥有二首即以横一爲五之法推之則亥是二五十首矣若謂取上二畫豎之則爲二首乎古文雖簡必不至如是之大拗矣。抑謂二首以文而言六身以筭位而言乎是不成文理。不足辨焉葢傳文本非故爲苦澁難通之語特以亥字適有二六六六之象戲言之耳其言下二如身者以筭位須横視也二横視則六六亦横視必矣如舊解六六

竟不可横視也傳文又無下六之說益見其不通今以臆作之解如左

亥古文二首六身亦下二如身卅横一爲一縱一爲五與舊解筭位正相反下二如身不須竪之併六六皆可横視豈不快哉今筭家有時或用此筭位也但篆文作亦者未之見也姑據傳文擬之耳余嘗撿大小篆籀蝌斗文未覩合於二首六身者舊解作亥亦就傳文臆度之也已均是臆度何必古是而今非

使爲君復陶　復陶疑造土器之官詩云陶復陶穴考工記陶人造甗甑杜註似無據唯昭十二年楚子皮冠秦

寬按。上據字。恐據誤。

復陶。是復陶衣服屬也。然古來無知其狀者。字義又不明。弗得據爲據。

廢其輿尉。　以不薦賢爲罪也。不專在役孤老。

譆譆出出。　譆譆嗟歎聲。出出亦歎聲。與詘咄字同。周禮鄭註。引此作詘詘。非出入之出。

仲虺之志。　侮之。　亂者取之。亡者侮之。二句。引仲虺之言也。推亡固存。國之利也。二句。是子皮之語。　侮。猶敗也。

豈爲我徒。　謂子晳非吾徒也。是句不兼伯有。

姑成吾所。　言國難不可措手。且定一身處置也。謂欲出亡。

不及謀而遂行。　謀謂私謀也非國謀其急於出不及與親朋家人同議殯竟即遂行也

兄弟而及此。　子晳與伯有兄弟也而至相攻伐皆非義也吾孰之助乎哉聽于天而已。

歲在娵訾之口。　歲淫於玄枵者梓慎不知司曆之失而妄言之也前已論之杜乃傅會作停在玄枵二年之說是謬之甚者。

令尹之偏。　王之四體。　偏半體也偏專指司馬則四體亦當專指司馬不兼令尹從令尹而言則半體矣從王

一本使下有其字。

一本別作大。

而言則股肱矣。

書曰某人。尤之也。書曰云云繳上文而實之也。非別項。尤者尤會無信也。非尤向戌。會無信諸大夫之罪也。然戌也以國災會于諸大夫。而使終於無信。亦戌之不敏也。既貶諸大夫。戌安得獨不貶焉。若夫火災豈戌之所致哉。伯姬之待姆而死。亦豈戌之所得而知哉。杜舍戌不敏之罪。而羅織其大罪。尤可笑矣。所謂深致火災燒殺夫人。雖周與來俊臣。恐弗之過矣。

都鄙有章。都不必國都也。別邑都會皆是。二十八年與晏子邶殿。其鄙六十。是邶殿爲都也。可以見矣。

廬井有伍。廬謂民之居室。是在邑者也。非田中廬舍。子罕曰吾儕小人皆有闔廬

衆給而已。衆臣之祭品應有而取給已野獸可市估。不別殺也。非謂唯用芻豢而不用野獸。

取我衣冠而褚之。陸貞山曰。褚衣囊也。莊子曰褚小者不可以懷大。

三十一年傳。各瞻其事。謂各從其事也。牧人飼羊。圉人秣馬之類。

公不留賓。賓雖速去而會朝職貢之事。亦無廢闕也。亦字不可忽。

無寧菑患。猶言無或菑患也。凡無寧寧也者。皆帶句末乎字。以意解之耳。非正訓。不敢敢也之類矣。與此意正相反。昭元年不寧唯是文意與此同。

門不容車。謂門小也。不可踰越。謂垣牆也。

弑其君買朱鉏。經云其君密州。傳引經乃云買朱鉏。何也。蓋經傳有一誤耳。杜不論及焉。亦獨何也。

其德而度。度不失事。度有法度也。非度量之度。

雖有國不立。雖國爲其有而不肯立也。

美秀而文。秀亦以貌而言。

知四國之爲。爲謂典故習俗之類。

豈不遽止。遽急速也。

其爲美錦不亦多乎。是影語矣。檀弓。其爲子卯也大矣。

文法正同。

威儀棣棣不可選也。詩傳選簡擇也。

順帝之則。此引詩言天下後世順文王之則也。帝蓋指

文王也。不然下文不相應。

昭元年經叔孫豹會晉趙武楚公子圍。劉績曰。先書趙

武者亦如宋盟尊中國抑夷狄也。

楚子麇卒。楚子實有疾而遇弒。若諱弒宜以其疾赴。註

瘧疾無據。襄七年鄭僖公遇弒。以瘧疾赴而書卒。杜蓋

以是爲例也。拘亦甚。

傳。將使豐氏撫有而室。　林註。豐氏。指女。

於今七年矣。　正義。八年也。而云七年者。殷周雖改正朔。常以夏正爲言。此春正月。故爲七年。年末醫和則云八年。

蒲宮。句　有前不亦可乎。　服虔曰。蒲宮。楚君離宮。言令尹在國。已居君之宮。出有前戈。不亦可乎。　正義。令尹居君離宮。事無所出。杜解云云。亦無所案據。要愜人情。按服杜兩解。並臆度。難可信據。然以人情推之。服說猶優。夫會盟之庭。緝蒲爲屏。尤不近人情。疏以爲愜何也。

吾代二子愍矣。 服虔曰愍憂也代伯州犁憂公子圍代子羽憂子晳應劭解同之。

字而敬。 字旹弟也字敬並在交接上非自愛敬之謂。

言以知物。 物事也謂其言之實。

取鄆。 取者言易也然未有論兵之加未加者註似泥且杜何以知其兵之未加也。

帶其褊矣。 褊弊也謂譙譙然不中用。

處不避汙。 汙穢辱也。

舉之表旗。 表旗猶表識也所望以爲法即制度文物矣非旌旗。

虞有三苗。 周有徐奄。 饕餮不與三苗同。杜於文十八年解四凶以渾敦窮奇檮杌爲驩兜共工鯀也。而饕餮獨不以爲三苗。蓋有所不通也。此乃以饕餮爲三苗。何也。 陸貞山曰。費誓云淮夷徐戎並興。詩江漢以平淮夷。常武以征徐方。則淮夷與徐自別。

吳濮有釁 釁謂可擊之間隙。非罪過之謂。

彊不義也。 猶言不義之彊也。下引詩亦以赫赫宗周爲不義之彊也。不當判彊與不義爲兩項。

省穡而用之。 穡嗇同。謂儉節也。即訓爲愛。亦是愛惜之愛。非親愛之愛。

一本無傳文不言以下三條，而別有五條，錄左。十里舍一乘。

賦野有死麕。趙子常曰，恺以喻楚，諸侯惡楚公子圍，故欲趙孟安徐馴擾之。觀下文趙孟答賦之語可見。

館於雒汭。水内爲汭，即是水曲之内地，非謂曲流爲汭。

弁冕端委。端委謂玄端之衣，委貌之冠也。一句四字冠居其三，似不穩，然孰言成語，衡口而出者，不足致疑。

耄及之者。耄，老悖也。與八十曰耄者異科，此不當相引。

執戈逐之，及衝。衝，道窮而左右折者，如丁字。

十里舍車。歸取酬幣。終事八反。傳文不言所舍車數，不必論焉可也。夫雍絳相去千里，亦其概也，乃截然以八百乘充之，何也？凡是一節註之牽合尤甚。

酬幣。

往來遞送幣物。千里而百車亦言其概耳。不細算之。幣物色樣不脩。主人請答所需。即傳命取之。以副其意。所以示其富豪也。不然。幣非重物。兼載一來足矣。　注泥其車千乘句。必欲合其數。如一舍八乘等。

舉其重而言耳。所取恐不止酬幣也。且其往反偶八反傳因記之用見后子之豪侈耳。杜泥八反句。遂撰出九獻之儀。其未合。又作自齎其一之說。以濟之。可謂勞攘矣。及一舍八乘。二百乘自隨。其有何據哉。況傳文所謂千乘亦舉大數也已。何苦布算費力。作是梗說。　后子所設盖如馳驛。雖每驛一車。其理同也。但多端緒。多所載則車數須多。譬十里一驛。每驛舍若干車。自絳出命甲驛馳車。傳至乙驛。乙驛傳至丙驛。驛驛相傳至于雍。載物還亦驛驛相傳至于絳。往還若斯者八回。是爲八反。車多則一車一反。車寡則一車數反也。如註所云是皆其臆斷。殊不知所謂千乘輜重過半。輜重駕牛。不堪供於馳騁之用也。九獻之酬幣。略與侑食之樂相類。侑飲無樂。不用勸故也。侑獻無幣。亦不須侑故也。是以八幣矣。注始禮自齎其一。亦其臆斷。不辨其

八項並一來也。非八反。

國於天地。有與立焉。傳遜曰。有國者。其先世必有大功德於民。故令其子孫享有土地。得血食數百年。與天地並立。未易傾也。

天贊之。鮮不五稔。傳遜曰。贊助其無道。速之使亡也。故鮮不五稔矣。韋昭曰。言鮮不至五年而亡。

趙孟視陰。朝夕不相及。傳遜曰。視陰者。知已不能長有此日月。而有愛戀之意。言不相及者。猶言朝不保暮耳。

其與幾何。謂無與之者。言神人不祐。他並做此。

儀禮合亨九獻之數耳。據杜注終事。八百直各一來也。不得入反。

困諸阨。自我始。毀車以爲行。謂逼隘于險也。陸貞山曰自我始言自我作古耳。毀車全軍皆然。註先自毀其屬車謬。以泥上文我字也。

兩於前伍於後。偏爲前拒。兩伍專參偏皆舊陣法有是名也蓋以人數多少什伍係屬爲名也其詳雖不可知也百人爲兩五十人爲偏者古車戰法也可以見用舊名也非臨時立名。

夕以脩令。林註曰之所爲夕而念之故以脩飾號令。

四姬有省。難言盡出四姬故曰省耳非據異姬爲言。

疾如蠱。晉語是句作惑以生蠱於下文趙文子之問爲順。

中聲以降。降殺也。五聲角爲中聲。而上殺下殺。以成五聲。故曰中聲以降也。五聲之外。則大高大下。是爲淫聲。君子弗聽。故曰五降之後。不容彈也。後猶外也。是等語似未精。當然矢口成辨。當時之俗云。不當深求。

以儀節。儀宜通。謂宜之。

降生五味。五色。五聲。五味五色五聲皆六氣之發也。註插入五行作解。謬甚。又以五聲爲五色之徵。五色爲五味之發。尤外理。二十五年傳氣爲五味。當參考。

淫生六疾。六疾卽六氣之淫而生者。下文明甚。杜何故以滋味聲色作解。蓋杜以降發徵淫爲相遞送之語。故致此謬耳。殊不知與下分序過同一文法矣。

序爲五節。五節蓋分至啓閉之類也。其目雖不可知也。決非五行之謂。

晦淫惑疾。明淫心疾。凡宴寢過節之類。皆以晝爲夜。夜甚多也。是爲晦淫。凡張燈燭置酒高會夜獵夜漁。皆以夜爲晝。晝甚多也。是爲明淫。非思慮煩多之謂。

女陽物而晦時。陽訛文。當作陰。是二句合上文陰淫晦淫而言。古人稱陰陽多在寒煖上。不如後人專以語氣也。上文陰淫寒疾。陽淫熱疾。何曾語氣哉。此承上

文不當別生解杜謬也且女以隨男爲陽物則男亦可以帥女爲陰物邪不通之甚

皿蟲爲蠱　皿以盛食物皿中有蟲是食物腐敗化爲蟲也亦與穀飛一類矣非器受蟲害

十一月己酉公子圍至　月日無誤註曰謬耳若以己酉爲十二月六日則郯敖今日死趙孟明日死子干奔晉不得見趙孟矣

將會孟子餘　會猶言祫也非祭名合祭先祖于孟子餘之廟故曰會也若欲知祭名下文烝卽是

甲辰朔烝于溫　是歲蓋置閏也而甲辰朔謂閏朔也經

傳月日皆不誤。餘見于襄二十七八年。

二年傳。見易象與魯春秋。　易象。是易之大小象。今所謂象傳也。非爻辭。若夫爻辭。當時諸國皆有之。左氏所記周易諸占。稱爻辭者。可以見矣。豈特魯而已。夫謂爻辭爲象。謂大小象爲象傳。且以爲孔子之筆者。皆出於後儒之謬。

國則不共而執其使。　陸貞山曰。國。齊國也。言齊國不共。亦不宜執其使。

三年傳。吾弗知齊其爲陳氏。　弗知者。謙不敢必之辭。

以登於釜。　登。如字。謂漸上而至於釜。不可訓成。

皆登一焉。此登亦如字自通。不必訓加。

三老凍餒。三老不必皆八十以上。當以六十以上爲下老。七十以上爲中老。八十以上爲上老。三老與三壽不同。不得混說。其三壽杜亦失解。說別見。

或燠休。王若虛曰。燠休溫煦安息之意。

卿無軍行。公乘無人。卒列無長。謂不帶三軍帥佐職銜。僖三十三年。晉襄公以再命賞胥臣。以一命命郤缺爲卿。亦未有軍行可徵。無人無長。亦謂職司廢闕也。非非其人之謂。

降在皁隸。皁隸賤役。不得言官。

以樂慆憂。朱申曰慆慢也以淫樂而慢易其憂禍也。故與叔向語而稱之。傳因記與叔向語及踊貴遂添記是一話以稱仁言之利耳註護晏子穿鑿大甚夫晏子叔向一時賢大夫其相與深矣豈容以常情隱諱而論哉。

君子如祉。如如字。詩傳祉猶喜也。

公更其宅。是別營於爽塏者也乃毀里宅爲之註壞里宅以大晏子之宅似謂就舊宅而大之非。

且諺曰非宅是卜。是上疑有脫文不然且字當作曰。

君子不犯非禮。是虛說小人不犯不祥是實說晏子謙

一本。無君子一條。

以小人自居。

弗知實難。　弗知者，以事之是非可否而言，未說及于禍。

遇懿伯之忌。　禮記陳註：忌，是忌日。

其或寢處我。　林註：襄二十八年，盧蒲嫳謂子雅子尾譬如禽獸，吾寢處之矣。故子雅畏其不可測，以此爲對。

書曰北燕伯。　罪之也。　左氏發例無定準，註舉中示例。鑒甚。

左氏雕題略卷四終

左氏雕題略卷五 據杜氏集解

浪速　中井積德著
唐津　山田寛校正

四年傳享神人　享享通饗同謂爲神人所歆饗也劉向新書據此文作享

固陰沍寒　沍凍也

食肉之祿　是謂在家之食非謂就官食者故曰食肉之祿也言有可食肉之祿者也冰以護肉故以肉爲言

合註大夫以上食乃有肉故云食肉之祿

至於老疾　林註至羸老疾病之人無不受　老與疾對

非指致仕之語。蓋老與疾雖非命夫命婦。亦受冰也。乃是兼男女。

秋無苦雨。　雷出不震。　苦甚也。久也。雨之甚久。即霖雨矣。不當以苦屬人。　震謂雷擊物。若震于夷伯廟是也。

民不夭札。　鄭衆曰。札疾疫死亡也。十九年札瘥夭昏可參考。

弃而不用。　雖藏冰而不以禮出之。亦不賦於大夫。即是棄矣。是全棄之非棄餘。

侍於後以規過。　猶御史執法在旁。總監督會禮之失也。非偏規一了。

一本有言其人剛愎狠戾故今在於此也一條而無逆命一條

寡君將隳幣。傳遜曰隳猶委爲之委也。

慶封唯逆命。逆命謂不順於君命猶言獲罪於君也非論其稟性。

作丘賦。丘賦制令不可考魯之田賦亦然註皆臆斷不可從但觀國人謗之則賦加于舊矣。

穆子去叔孫氏。饋之。願之久矣。宣伯奔齊在成十六年而穆子之去在其前多年矣既生二子於齊而饋於宣伯且曰願之久矣其非同奔也明矣說已見于成十六年。

不告而歸既立。立謂嗣爲叔孫氏不指卿位。

饗大夫以落之。落謂落飲也。非釁。落與釁義相近。而不同。器械曰釁。起於鐘以血塗其釁隙也。宮室曰落。血自屋上落也。是分而言之者。若落飲則通曰之落。而不曰釁。

見仲而何。而如字。猶言見仲而何所欲爲也。

求之而至。陸貞山曰。洩憾叔孫召豎牛以致禍。故言汝本自求之。至今又何故而去之。

使惡杜洩於季孫。惡入聲。譖也。

不亦左乎。左猶戾也。

王思舊勳而賜之路。王之賜路實嘉豹之有禮也。然杜洩叔孫氏之人，故爲豹謙稱舊勳，是言語之道爾。杜不達此意，混合兩事作解，非也。

五年傳舍中軍　魯本二軍，襄十一年增中軍爲三軍，三家三分公室，季氏雖盡征之，所入猶不甚多。至是舍中軍，復舊制，四分公室，季氏取二，叔孟各取一，於是季氏所入多矣。其軍制，蓋季氏爲一軍，叔孟合爲一軍也。註仍分三軍，則不見其所舍，謬矣。　陸貞山曰：魯之軍號，傳所不言。哀十一年雖稱左師、右師，疑亦臨時所命，非若晉之三軍、楚之二廣有定制者。若爾，則傳宜屢書之矣。叔孫之軍名，尤未見有據。

葬鮮者自西門。新死曰鮮葬鮮猶言送死也。穆子雖飢渴以死亦在病困之後不飢亦死難言牛殺之又其死年不下六十不得爲短折註不以壽終句無所當

大庫之庭 據註當作大庭之庫十八年梓愼登大庭之庫可徵。

使亂大從 從縱同。

殺適立庶。牛之罪實如昭子之言如穆子之死不全係于牛前已論之註不知餓殺其父是過當臆度之說已

十時。十位。傳文明言有十時乃以十二時强配十位是杜之失也。一日分十二時非三代之制實起於西

洋法。西洋法一日十二時，百二十刻，故時時無奇筭。漢用十二時，而刻仍依舊百刻，故時時不勝奇筭，可謂拙。蓋漢時傳入，而循用日久，元凱慣看不之察，輒以牽合於古文，可謂妄作矣。其丑爲鷄鳴，寅爲平旦，尤悖理，而後儒沿襲至今不廢，何也？　漏刻法分一夜爲五時，一更至五更，是古法矣。夜既五時矣，晝隨可知矣。　按本草曰：巽爲鷄，鷄鳴于五更者，日至巽位，感動其氣而然也。是雖傅會之說，而鷄鳴之爲五更則信矣。

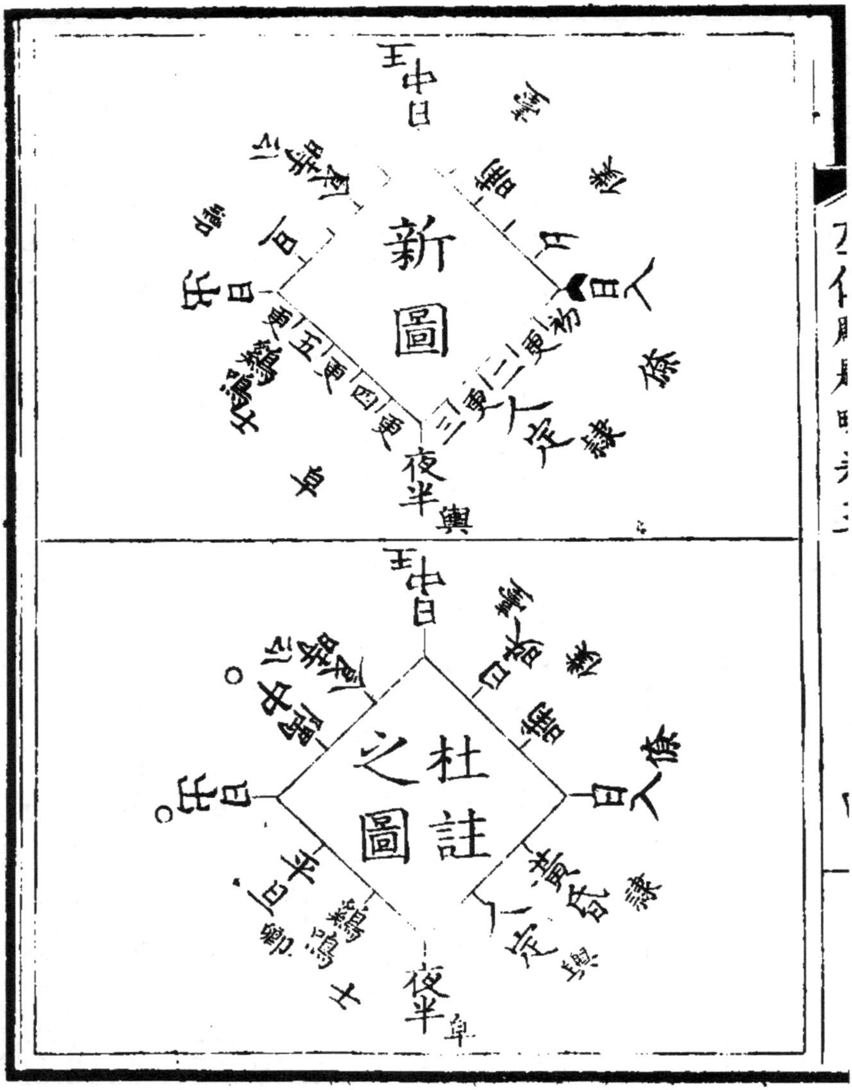

新圖

杜註之圖

日中　日昳　晡時　日入　黃昏　人定　夜半　雞鳴　平旦　日出　食時　隅中

明而未融。正是朝時之光景矣。如註平旦在日出之前。則何明之有。

離爲火。火焚山。離爲火語重複。不成文理。恐當作離爲艮。

其名曰牛。以離有牛象。故知名爲牛而已。是句不拘牝牡。亦不論吉凶。

五子亞卿也。是句專繳上文當旦爲祀之語也。非謂非正卿。不足盡。夫旦日爲卿。豈有正亞之别哉。

飧有陪鼎。夕食曰飧。是又輕於宴者。註熟食非。

重之以睦。陸貞山曰。睦謂睦於晉。

誰其重此。重猶任也。言孰任是責者。若有能任之人則可也。

叔禽叔椒子羽。劉炫曰。叔禽等亦是韓起之族。

六年傳。涖之以彊。涖亦臨也。註施事謬。

作九刑。林註書呂刑疑卽是也。

無乃戾也。言若敢當此加禮。恐以成吾之罪也。非不堪爲罪。

女夫也必亡。夫者賤之也。猶言匹夫役夫也。

七年經。暨齊平。穀梁傳胡傳並以爲魯與齊平也。唯左傳亦然。杜謬解耳。

叔孫婼如齊涖盟。結平也。

傳齊求之也。劉敞曰齊求與魯爲平也。

爲王旌以田。謂僭擬楚王之旌也不當據周家制作解。

天子經略。略亦疆也下文封略之内可以見矣經正之也。

願與諸侯落。落謂落飲也下文新臺之享即是矣非祭。

使臣請問行期。行期會期也昔歲楚侵魯師于蜀魯請盟此據爲故事不言伐而以會爲辭故問行期云爾即是魯公赴會之期矣若見伐之期魯焉得知之又非所當問將殺段也。劉炫曰段即豐氏。註當言駟氏黨字之誤。

立公孫洩及良止 謂立爲之後也。未論及班位

爲身無義而圖說。 從政有所反之 爲身與從政對謂爲一身而已者是說雖無義可也若從政者則說不可無義也蓋特立伯有之後是畏厲也非義即併立子孔氏則有繼絶之義存焉 反之謂異於爲身者非反道之謂

始化曰魄陽曰魂 魄者形之神也爲陰魂者氣之神也爲陽未可訓魄爲形下文魂魄馮依可以見矣

用物精多 物謂奉養之物。

馮依於人。人謂他人不謂貴賤。

所馮厚矣。馮猶據也謂其富厚權勢與上文馮依之馮異。

飲酒無度。是不須解註相尚相困蛇足。

兄弟急難。急當作活字急之也。

且請命。追命襄公命加之服也如後世贈位階也非如哀策而已傳特摘其辭耳非命辭止於此。

叔父陟恪。高圉亞圉。恪疑格之譌。正義二圉之受追命無文杜以意言耳。

聖人之後也。陸貞山曰僖子所謂聖人乃正考父非湯也。傳遜曰以聖人爲殷湯則宋皆其後也何云滅於宋乎。

三命茲益共。此三命謂三來受命也與下文三命指上卿者不同茲滋同益也。

聖人有明德者。有明德者卽聖人矣註之後二字當削。

臧武仲之言本泛論非爲孔氏而發註謬。

我若獲沒。沒卽死也是僖子將死之言焉用壽終之解。

弱行。孟非人也。將不列於宋。弱行不能步也乃是痿躄廢疾矣不特偏跛也下文云弱足者居可以見矣若夫跛能履未可爲非人。不列於宗謂不與於宗族之齒列也。

嗣吉何建。　建非嗣也。　建有特設立之義，因生解也。言長子繼父，是順之至，不得著建字。今卦曰建侯，必是非長子也。長子宜嗣者，故稱嗣也。

八年經蒐于紅。　註固執傳文，以經爲闕文，吾未見其可也。

石言于晉魏榆。　此卽響石矣，非怪。

抑臣又聞之。　抑發語，抑上揚下之辭。

匪舌是出。　哿矣能言。　合註不能言者，言澁不出口。此謂吶言者，匪舌是出，正與巧言如流反對。　詩傳哿。

可也。引詩斷章例也，註何紛紛。

自根牟至于商衛。商衛葢亦地名。

欲治其室。治室而殺宰，則先是梁嬰等亂室可知矣，治平治之也，非兼并之謂。

惠不惠。惠順也，謂順於理。

殺馬毀玉以葬。喪亂之際，葬具無所得焉，故玉馬以表心耳，非非禮厚葬之謂。袁克嬖人也，謂之與嬖，是衆嬖中之一人矣，其爲貴無徵，註不知何謂。

請寘之。請私。寘謂舍而不殺也，時馬已死，玉已毀，置之何爲。私溺也，以誑楚人。

猶將復由。魏了翁曰。由義如尚書顛木之有由蘖。

九年經陳災。陳雖滅而復興故是年之災仍繫于陳也。

不必引梁山沙鹿。

傳甘人與晉閻嘉爭閻田。主名不在甘襄故曰甘人也。

允姓之姦。允姓疑卽檮杌之後故上文四凶中唯舉檮杌也。

后稷封殖天下今我制之。陸貞山曰。封殖封厚長殖也。

制制御之也。

火水妃也。水火亦相畏亦相助此以相助者而言。按十七年傳云。水。火之牡也。與此互相發。火以水爲夫。水以火爲妻。是蓋當時占法以相畏而相助爲象也。與後世陰陽之言不同。

火出而火陳。　火出爲五月。亦宜主節氣。節氣進則四月之季。火可出。且古曆疎漏。小出入每有之。此只據所見而言。不可深求。註長曆可厭。

逐楚而建陳。　此據故陳國封疆而言。逐出楚人。而復建陳國也。不必爲楚衰。

弗聞而樂。　言汝不聞荀盈之喪。以告君廢樂。而作樂是耳失官也。

外嬖嬖叔。　外嬖。與內嬖對。前已論之。註外都職在外。並謬。

事有其物。物猶實也。

庶民子來。子來是比喻，非實說。詩傳如子趣父事不召自來也。

其以勤民也。勤，絶也，謂死亡。若訓勞，下文何得曰無民。

十年傳居其維首。傳遜曰：蓋言婺女居於玄枵之首，而妖星見於婺女之次。韋昭註周語亦曰須女天黿之首。須女即婺女也，天黿即玄枵也。

遭子良醉而騁。遂見文子。傳遜曰：醉而騁者，子良也。見文子者，桓子也。

彼雖不信。劉用熙曰：彼謂欒高也。信猶實也。

戰于稷。 稷卽社稷之稷。非別祀后稷者。

陳錫載周。 此載宜訓乃。布陳乃徧也。

視民不佻。 此視仍是視聽之視。猶視民如傷之意。不必據詩傳訓示。

孤斬焉在衰絰之中。 陸貞山曰。斬焉。言哀痛之深。如斬截也。 國君既葬釋服。是杜之家說。前已論之。如是節可以證其謬者。故再詳焉。晉侯既葬。尚服衰絰。傳文明甚。不復容疑。杜乃以未卒哭濟其說。可謂窮矣。禮既葬虞卒哭。諸侯五虞。亦浹旬而畢。其際匆劇。諸侯之大夫安得請見焉。縱令其請。亦請剋日行禮也。非卽日欲見矣。則晉人安得以未卒哭之服而辭焉。是請見決在卒哭之後也。可知葬後數月衰經在身未可以行吉禮也。杜之謬章章明哉。

十一年經楚子虔誘蔡侯般。　名楚子罪之也。杜何因知蔡人之告辭也。臆度不足據。且可名則名之。不可名則不名。是爲春秋已例。一一循告辭而已。則是春秋無權衡矣。仲尼無筆削。

一本無仲尼無筆削五字。

傳。然壅也。　壅培也。培養其惡使早稔也。

唯蔡於感。　感憾同。

不能其民。　不能猶不善也。

不可沒振。據註則傳文顚倒矣。不可從。蓋譬於救溺者也。言不可沒水以救也。

物以無親。陸貞山曰。物。猶人也。言不恤小國。故物情不附。

美惡同必復。復。報也。言周一紀。善惡必有報也。

五大不在邊。五大五細。其目未詳。註亦牽合不足據。大抵總舉衆官而言。或曰五官。或曰六官。其歸一也。大要不過言五官之長總統者在廷。而佐使分職者在邊也。

十二年傳。朝而堋。說文。窆。下棺也。堋。下土也。

爲賦蓼蕭。亦只賦首章而已。下文昭子數演論之也。乃是因題生義者。不當據昭子之言。作賦全篇。

有肉如坻。詩宛在中坻。傳曰。小渚曰坻。

庾皮之子過。庾皮是大子之傅。而過其子也。

更受三命。季孫伐莒。蓋叔孫之首謀矣。故受賞耳。非以例加。

湫乎攸乎。湫湫通憂貌。攸悠同憂之長也。

枚筮之。枚策也。用他物筮之。不用蓍也。非汎卜之謂。禹謨不必引證。

外彊內溫。和以率貞。悔卦比彊也。貞卦坤溫也。比和坤貞並以二卦而言。非比一卦之義。

黄中之色也。黄之爲色不白不黑不青不赤故以爲中央之色耳非土色之謂。

供養三德爲善。傳遜曰三德謂忠信共。

夫易不可以占險。是汎論易道也非指一爻。

從我者子乎。子親之之辭。

秦復陶。復陶未詳其物杜以爲羽衣不知何所據。

共禦王事。禦御通進奉也。

吾刃將斬。斬以喻挫衄之末言及淫慝。

作祈招之詩。酒誥圻父薄違小雅祈父予王之爪牙詩傳古者祈圻畿字淂通用。司馬掌畿内兵馬故稱圻父也。非官名。大司馬。名招。故稱祈招耳。註以爲世職者。謬。

式如金式如玉。形民之力。金玉。取其美也。詩易所稱可見矣。不必言堅重。家語形作刑。似宜從。

十三年經。殺公子比。比立未踰歲未成君也。故不稱弑君。

傳。圍固城克息舟。城而居之。既克息舟。即築城而居之也。息舟與固城自别。註似混爲一。何也。

再拜皆厭紐。紐與璧皆别爲識也。註徵見璧紐誤。

棄禮違命。韋龜屬成然。蓋在郟敖之時也。故以立郟敖爲棄群望之禮違神命也。

同惡相求。　無與同好誰與同惡。　傅遜曰同惡指當時同心造亂之人。薳居成然等。　服虔曰子干無黨於内。誰當與共同好惡者。

有寵而無人。　寵謂貴顯與下文相照。

族盡親叛。　親族或死亡或離畔無所與同心也。

王虐而不忌。　以靈王之虐而無所忌惡於子干則其人不足畏也可知矣非語靈王將亡。　此句疑錯當在上文愛徵之下。

先神命之。　先神謂先祖之神也雖祈于群望而埋璧於

廟庭則受命于先祖明矣故曰先神命之也

寵貴四也　謂君陳蔡也與上文相照

其寵棄矣　謂亡在他國也若以父沒則棄疾亦然上文

廢子也者無貴寵中之一件矣不得以此爲斷案

一本一件作事

齊桓晉文不亦是乎　傅遜曰子干在晉乘亂而入與桓

文同耳非言廢賤

子餘子犯以爲腹心　魏犫賈佗以爲股肱　上稱五人

而下說四士略以適於文也賈佗入五人之數傳文明

甚矣註乃云賈佗不在本數是泥僖二十三年傳文也

不可從說已前見

攝司馬。攝權行也。非兼官。

幄幕九帳。在上曰幕。在旁曰幄。幄幕具爲一張。

瀆貨無厭。瀆汚也。謂貨財之累。

魯朝夕伐我。郳莒之愬。以取郠一事觀之。恐非誣罔。然細小侵略。經傳不載。無所徵。但以惠伯之荅。唯言君信蠻夷之訴而已。與賦青蠅者異矣。又下文問荅。無一辨郳莒之誣之語。則魯固已招服矣。

樂只君子。樂只。形容君子之德也。如詩義。下文君子之求樂。卽君子求爲樂只也。非自外樂之。

執其老。老者。執政家相之通稱。如孟公綽爲趙魏老是

也非尊稱

十四年傳司徒老祁慮癸　下文稱季氏爲君南蒯爲子則之二人必是費之有司而季氏之臣也非南蒯之臣且南蒯邑宰其臣不得有司徒之職

家臣而欲張公室　倍臣而張公室必畔其主畔主爲大罪不特越職

義也夫可謂直矣　義也夫美之也謂其當義耳如舊解傳文宜云義也乎哉　鮒之於叔向若是父兄有宜爲隱者既是子弟何必隱焉杜失權衡　傳遜曰傳中明白深美叔向而再三婉辭揚之何有疑也豈元凱心本

不敢此事而强以合己意邪。

十五年經有事于武宮　有事者祭祀之通套非略辭。

蔡朝吳出奔鄭　朝吳遭楚大夫之讒豈其罪也哉註罪其不遠讒人何也豈欲其不交一語於小人邪是亦難矣春秋豈有如此之偏急哉。

傳戒百官　戒謂先期告戒也非齊。

有三年之喪二焉　古禮妻與長子皆服三年也下文雖貴遂服謂天子亦服三年而不降也杜並謬亦其家說之弊云。

一動而失二禮。　朱申曰二禮謂因喪求器又宴樂以早。

十六年傳發命之不衷　頗類　不敬　不聽　衷中正也。合註類或作纇戾也。　會朝之不敬以威義而言。不可求諸心。　不聽不順也謂不順於事宜有賦於軍。　受脤歸脤　卿賦不必百乘自當以邑之大小爲差。且夫百乘據同制。是方百里之賦矣小國之卿。豈能宰百里哉註謬。　脤胙通言之一也不必戎祭之肉。註泥脤字。以戎祭解非也大夫安有戎祭於家哉孺子善哉吾有望矣。　謂他日之成就可竢也爲其年少賦鄭之羔裘。　此亦應賦首章不得以邦彥司直作解起在此。　只言有我在耳此字不可泥。

十七年經有星孛于大辰。大辰指心星也而房尾不與焉諸稱大火亦然。

傳唯正月朔慝未作。正慝說已見于莊二十五年。合註平子謬以正月爲歲首之月。

三辰有災。辰不集于房。月體掩日而日爲之食其理固然亦是後世推步始知之周以前未得其數故曰辰不集于房以爲日行失度不安于其舍之所致也曰三辰有災謂三辰之中自有薄食之災也然其意則專在日食也非日月相侵之謂。

以雲紀。是與改正朔同義以新民之耳目也不必言獲

瑞下文並倣此

鶻鳩氏司馬也 鳲鳩氏司空也 鶻鳩取其猛鷙而已

別之有無此所不論及鳲鳩之平均皆杜泥詩傳之謬

不能故也 卽上文不能紀遠也非遠瑞之謂

乃警戒備 謂警戒乎兵戎之備

除舊布新 朱申曰今火向伏而彗以除之所謂除舊明

年大火星出必布散爲災所謂布新

夏數得天 合註斗柄所指分爲四時夏以建寅爲正則

斗柄東指爲春南指爲夏是謂天四時之正也 是句

以見天地人正之說爲謬也杜乃復牽强以得人正解

寛按祝融下疑脫風

何也豈欲改竄傳文邪。　災四國而衞屬水祥則火厲而災者宋陳鄭三國矣火以夏之三月而出而三國受災故曰夏數得天也。

水火所以合也。　傳遜曰傳止云合而不及相勝杜何自而知其多少。

瓘斝玉瓚。　傳遜曰據說文瓘玉也以瓘爲斝與玉瓚對非珪也。

長鬣者三人。　長鬣者取其狀異常欲使楚人驚愕以爲神也。

十八年傳是謂融風。　融風疑是祝融之略矣。

字。

一本無使處東門四字。

將有大祥。大祥猶言大變也註氣字。蛇足

吾不足以定遷矣。子産蓋不全信變異之言故不皆遷

也。又辭以不足定是實說矣非假托。

辭晉公子公孫于東門。合註晉詛無畜群公子故公子

公孫多在鄭火時恐其爲變故辭之使處東門

司馬司寇列居火道。司馬救火司寇備非常並領兵衆

也非同職。

羊羅攝其首。攝持也持閉者之頭令不得遂焉

大人患失而惑。陸貞山曰患失猶論語患失之言大人

懼違衆而失位心志惑亂故徇流俗之說而云可以無

學。

夫學殖也。所以樹殖培養其躬。

其庭小　過期三日。　庭謂占地也寢占地小毀之未足以廣地故必欲毀廟以其占地大也。　陸貞山曰大叔不忍毀廟故過期三日須子產見之而有後命也

晉無乃討乎。　懼討以授兵登陴一事不帶公子公孫。

許曰余舊國也。　合註鄭遷許而得其地故曰余舊國十二年伯父昆吾舊許是宅今鄭人貪賴其田襄十一年東侵舊許註曰許之舊國鄭之新邑

十九年經許世子止弒其君買　書曰弒其逆謀明矣如

不舍藥物必是傳者之鑿解失春秋之旨

傳及師至則投諸外　投繩城外教用登也婦人未嘗出

札瘥夭昏　韋昭曰狂惑曰昏疫死曰札瘥病也　瘥病也昏蠱惑也並不必死唯夭札爲死二十年傳所以夭昏孤疾者爲暴君使也當參考　據註昏是初生嬰兒之死也然傳稱二三臣卿大夫之謂也天下豈有嬰兒而爲卿大夫者哉

私族於謀　即謀於私族也謂父兄與族人謀

二十年傳王二月己丑日南至　經書正月者特記首月耳與日南至自不相干傳亦因梓慎之占錄之初無意

於正曆且註所云失閏者其長曆之謬。又按冬至是周正月之中氣矣古曆雖疏恐無以中氣入他月之理也且冬至爲一歲之原最難遷移者傳二月必是訛文當作正月但與經文正月亦自無相干涉矣

梓慎望氛。陸貞山曰此或梓慎自望見之如十八年登大庭氏之庫以望火耳何由知魯侯不行登臺之禮註當削。

其旰食乎。旰食謂過午而食

不以田待人。不蓋不義。縶之不善豹之亂皆無所規正使其自恣焉是以田待人也　弗以豹之謀告縶是

益不義也。

以三公子爲質必免。質贄通。

家事無猜。祝史不祈。無猜與不祈自是兩項註故字。

失當。

不可爲也。猶言無所禱也不指誅祝史一事。是句激

齊侯使求可爲者爲之。

偪介之關。介間也。

億兆人之詛。十萬曰億十億曰兆。

亦有和羹。鬷嘏無言。引詩取其旣平靡爭也和羹作

實語解可也不必作比喻。詩傳鬷嘏與奏假同。

七音八風。七音。指樂器也。古稱八音。金石絲竹匏土革木是也。唯匏音亦可屬竹音。故除匏而數之。以適於行文之順也。

汔可小康。毋從詭隨。能遹。不絿。詩傳。汔。幾也。詭隨。不顧是非而妄隨人也。能。順習也。絿。緩也。

二十一年傳。君若愛司馬則如亡。亡謂貙之出亡也。言令不逐貙。貙必作亂而死矣。爲費遂計之。貙苟免於死。雖遠在他國。猶爲愈也。

廚人濮。是司廚賤人矣。非邑大夫。下文吾小人數句可徵。

子無我廷。詩鄭風無信人之言人實廷女傳曰廷與誑

同定十年是我廷吾兄也註廷欺也

二十二年經王室亂 以王猛居于皇 註承叔鞅言而

書之鑿甚當刪傳言王室之亂是爲閔馬父之言而發

焉非明經所以書 王猛之王猶氏族也如王季子來

聘是也非天王之義

傳王與賓孟説之 合註説語也

崩于榮錡氏 榮錡蓋人姓名氏者謂其家也

王子猛卒不成喪 書法經自有例猛既立而未踰年不

成君也故不稱王崩耳傳別生義似失經旨若夫踰年

改元者縱令國亂不成喪亦不得不稱王崩。

二十三年傳過邾館以如吏。　使邾人見之正所以屈辱

叔孫。

取其冠法而與之兩冠。　冠法謂其大小長短之制叔孫

先請范子所服冠制而與所適之冠也。

吴大子諸樊入郥。　正義吴子諸樊吴王僚伯父何容僚

子乃與同名此應傳寫誤耳。

伐吴以徼之。　徼要求其反夫人也。

二十四年傳陽不克。　莫將積聚也。　克字句莫如字言

陽之不克無乃且積聚乎。

誰生厲階　厲階猶言禍亂之梯子也

二十五年經公孫于齊　孫遁逃之義已見于莊元年

傳是賤其身也　與佗國人語而卑其同列是自賤之道也賤其宗又甚焉註舛

賦新宮　新宮是斯干詩取其相好無相猶也

如宋聘且逆之　傳遜曰春秋中大夫爲同列逆女者多矣季氏雖强横而以此罪之非也

六畜五牲三犧　陸貞山曰從所用而異号也杜解五牲前用爾雅後從鄭玄於彼所釋六者之名各取損其一取決肺腸自相乖背良可恠矣　十一年傳五牲不相

爲用。註曰牛羊豕犬鷄。　牲字人鬼通之。周禮王膳用六牲之類是也。此五牲與三犧對。則是人非鬼之用。三犧謂牛羊豕。

九文。　五章。　華蟲雉也。註宜據虞書增入宗彝。　五色成文謂之五章。註舛。且如五色備謂之繡。尤不可曉。

昏媾姻亞。　以象天明。　媾合也。昏媾非兩事。易曰非寇昏媾是也。姻況指外親之辭。並非妻父壻父之謂。　陸貞山曰。言是親疏倫序。比象於天文之行列。　上註以日月星辰解天明。則此宜云若日月星辰粲然布列而聯屬也。事嚴父共辰極。何謬。

一本無與論以下五字

政事庸力。大曰政小曰事並以公事而言與論語不同。

裯父喪勞。謂其出凶勞苦也非謂死于勞。

季氏介其雞。金距。合註介甲也以甲衛其羽使取勝。金距以金飾鷄以碎其甲。介蓋以革裹其臆以拒敵距擊耳非全身披掛者金距以金裹其距以利之耳。

將禘於襄公萬者二人。先君之廟。諸侯六佾六八四十八人。陸貞山曰杜謂别立廟謬矣。

公徒釋甲執冰而踞。是狀其伐勝而懈惰也註無戰心。

失欵。

負罪以出君止。君止是勸公勿出也。

使爲賈正。賈正是價人之長官。知物價掌貨賣之事者。

非市吏之比。

二十六年傳。公至自齊。凡書至左氏杜氏每以告廟解。

此亡君不得以告廟解。則亦舍而不論焉何其出入自

在也。可知告廟之解本不足據也。

縳一如瑱。縳音篆。袱包之也。襄二十五年。閭丘嬰以帷

縳其妻是也。

粟五千庾。是高氏之俸祿矣。言爲高氏後則歲入當獲

五千庾也。

百兩一布。先入幣財。一布謂一機所織也。非布而謂

寬按：卽下恐脫入字。

之布套語耳一機所織色文齊同故曰先入幣財今沽物者先獻一枚使其審精粗功苦卽幣財之意矣財材通。

緜胸汏輈　胸輈通說文輈軶下曲者　胸謂衡也馬車之衡牛車之軶是一類之物故相通爲稱也猶轅謂之輈既見于襄十四年。

將亢子　猶言豈與子亢乎也謂不亢

苑何忌取其耳　犨林雍適中其耳已非不欲殺之謂

視下顧　斷其足　林雍在車後邊車高人界故曰視下也在後故曰顧也非擬足斷其足亦剕而適中其足已

萬民弗忍。劉炫曰不忍王之虐也。

諸侯不圖而受其亂災。汎稱諸侯非指一國楚豈能圖王室者哉且夫妖言何必一一討其歸註謬。

群不弔之人。弔矜也謂不弔于天之凶人。

思肆其罔極。肆猶遂也。

齊有彗星。齊魯接疆彗星在天何有齊見而魯不見之理哉蓋小事不書春秋之例也註謬。

天道不謟。傅遜曰不謟不濫也。

聿懷多福。厥德不回詩傳聿語辭懷來也回邪也。

取之公也薄。明言取公必是以受於公府者而言非指収於民者。

不収公利。謂不攘取常入公室之物也。

左氏雕題略卷五終

左氏雕題略卷六 據杜氏集解

浪速 中井積德著
唐津 山田寬校正

二十七年傳先人之道也。 謂先世以來所行之故事也。非指諸樊以下。

直而和。 是狀其爲人也。與直而溫溫而厲語意正同。不可分屬上下。

季氏之復。 復如字。謂將亡而反復于其所也。

事君如在國。 趙子常曰卽後賈馬歸從者衣屨之類。公行公至元無告廟之說。書與不書豈季氏之所爲。

天命不慆。　慆謟同濫也。二十六年天道不謟，與此同。

莫不謗令尹。　謗如字，以令尹之過惡告于神耳，不必咒詛。

使宰獻而請安。　劉炫曰：燕禮司正命卿大夫以安，今此傳所言，亦當如彼請魯侯自安耳。杜云齊侯不在坐，非也。服虔說同此。安謂坐也，獻酬畢而坐飲酒也。宰獻而請安，是齊侯不與行獻酬之禮也。

二十八年傳實蕃有徒。　謂惡正直者之多也，非謂其人乃多徒衆。

殺三夫。　成二年傳夭子蠻殺御叔子，蠻蓋其先夫矣，併襄老爲三夫。是時巫臣蓋未死。

黰黑。光可以鑑。正義。黰卽鬒也。詩云鬒髮如雲。毛傳云鬒黑髮也。光可鑑。偏言髮也。不帶膚。

長叔姒生男。正義。伯華最長。叔向次之。其餘諸弟皆小於叔向也。故謂叔向爲長叔。叔向之妻其年長於子容之母。故稱長叔姒也。

擇善而從之曰比。故襲天祿。唯善之從也。非比方之謂。襲重也。

昔賈大夫惡。疑是晉大夫賈氏。豈賈辛之先邪。傳不言賈辛之醜。然發是說自賈辛身上起。則辛之不賜可知矣。

聞其命賈辛也以爲忠。　忠謂相告誡之誠爭也與王室無干係。

退朝待於庭。　二人朝魏子而退欲有言也仍立于庭以俟間也非魏子朝君。

屬厭而已。　韋昭曰屬適也厭飽也。　欲君子之心易盈飽如此也是三歎之意矣非謂亦宜然小人自謂君子暗斥魏子。

二十九年經使高張來唁公。　只是存問起居也以其亡國之君也有弔恤之意故曰唁耳卽解爲不受於晉再喪國也。則三十一年荀躒唁公者謂之何。

次于乾侯。 是侯命于乾侯也。非不見受而後往乾侯。

傳君祇辱焉。 言久於此將受辱也。是欲去之意矣。非謂往事齊。

執歸馬者賣之。 賣其人也。非賣馬。

人實不知。非龍實知。 御龍氏。 知並音智。 陸貞山曰。言人自不智。無擾龍之術耳。 御。駕馭之也。與豢稍別。

潛醢以食夏后。 潛。密也。姑隱龍死而醢以獻焉。又不以龍告也。夏后食而美之。故更就累求之。累無所得。醢以告則顯己之隱欺。故懼罪而遁逃也。註並謬。

官宿其業。宿宿戒之宿。猶預也。言預修其業則物歸之也。

誰氏之五官也。誰氏者。指當時帝者而問也。下文少皞氏顓頊氏乃答此也。

后土爲社。祠后土。祠社。有大小之分。而其神一也。后土與昊天對者。社是一國土地神矣。

有烈山氏之子。賈逵鄭玄皆以烈山爲炎帝之號。即神農矣。魯語祭法並稱烈山氏之有天下也。其非諸侯明矣。

一鼓鐵。家語王肅註。三十斤爲鈞。鈞四爲石。石四爲鼓。

葢用四百八十斤鐵矣。

夷之蒐也。　晉國之亂制也。　據文六年傳既蒐于夷立狐射姑。又改蒐于董更立趙盾也。此註一蒐三易失當。亂制。謂亂世權宜之法不可通行也。非因蒐生亂之謂。

又加范氏易之亡也。　寅之咎連及于范氏則范氏亦亡矣。是易存以亡也。

三十年傳。公在乾侯。　非公且徵過也。　合註。先是俱不書公所在。以公尚在四封之内。至是鄆潰客寄乾侯故書所在。非公内不能繫臣民以安其身外不能事齊晉以復其國。明公之有過也。　非公徵過。釋是歲之書也。非實前年之不書。　王陽明曰。居猶吾土也。在則非吾土矣。

敝邑之少卿也。　少卿。謂下卿。

將自同於先王。　闔閭志大有文。欲爲文武所爲也。不止於比諸華。且比諸華。旣然之事。豈其願欲之標的哉。

若爲三師以肄焉。　釋文。肄又作肆。　陸貞山曰。按文十二年。使輕者肆焉。註謂暫往而退也。與此傳所謂彼出則歸。彼歸則出。意正相類。

三十一年傳。在一言矣。君必逐之。　言事之向背。決於君之一言矣。不可姑息焉。當以決逐季氏之辭答昭公也。夫有所有名而不如其已。　傅遜曰。言人固貴於有名。又有一等有名不如無名者。暗指廢其等也。蓋所指物之詞。

攻難之士。　治玉石曰攻。攻難謂用力爲難事。

贏而轉以歌。　赤體伏地而轉輾也。

庚午之日。日始有謫。　火勝金。　食在辛亥。而變始庚午。是必無之理。豈庚午有暈虹重見之類。而附會言之耶。今不可考。　火之勝金。以消鎔之性而言也。非妃匹之義。

三十二年經會晉韓不信城成周　狄泉之會命城周也尋盟非事之主也故略不書耳公在外何論告不告且魯大夫在會則不須自外來告矣

傳越得歲而吳伐之　傳唯言越得歲不論吳之得歲與不是等隨文而解可也不當別生枝節且占候諸事古今不一其法豈容作泥解

兄弟並有亂心　明言並有亂心必非斥子朝一人是併宗族助亂者通稱兄弟也

如農夫之望歲　望歲之歲猶有年之年謂豐熟也非來歲之謂

蟊賊遠屏。蟊賊，喻亂人也。指子朝等。

遲速衰序，於是焉在。言其遲速在諸侯之從違勤惰也。是晉則奔走不少懈之意矣。

定元年傳魏子涖政。所謂政亦城事而已，猶前年南面之意矣，非謂廢政。

將建天子。建，猶封殖也。

易幾而哭。禮朝夕哭在卒哭後。卒哭以前哭無時。此易幾，唯言哭臨不與叔孫同時而已。幾，譏通，猶限也。

戊辰，公即位。先是定公從昭公在外，至是與喪俱還，故既殯行即位之禮。經所以詳日之非恒禮故也。非謂殯則即位之例。且經傳所謂即位者，是踰年行即位之禮者。註所謂即位者是嗣子定嗣者，牽合失倫。

溝而合諸墓　非特臣無貶君，禮固當然。縱令臣得貶君，夫季氏之報私怨，後世安須循用焉。

立煬宮　鍾伯敬曰：煬公以弟繼者，猶定公以弟繼昭公也。蓋既欲報己之私，又欲掩己之失，故立煬宮。

二年傳以師臨我　使之無忌　以下三句是舒鳩誘楚之辭。我者，舒鳩自我也。　使之之字指桐。楚師臨舒鳩，則桐不慮舒鳩之來攻也，必不設備矣。　舒鳩蓋畔楚而附吳者，故其言如此。豈以吳之彊而畏一伐，遽求媚哉。言之不倫。不足以欺人。

囊瓦伐吳。伐吳所以臨舒鳩。見舟于豫章。潛師于巢。陽示欲濟漢以擊楚師。而陰自巢出其不意。

三年傳車五乘殉五人。車與殉只是非禮耳。與好潔無干涉。夫用殉不潔之尤者。又不見其爲遺命。

四年經十一月。戰于柏舉。史墨之言固荒唐矣。不必回護牽合也。即數閏月則七年之間得閏再三矣。其說又不通。且占候之言多以節氣汎稱焉。則月數小差固其所矣。

傳。假羽旄於鄭。　或旆以會。　只言晉人假鄭伯章服使賤人用之所以失諸侯也。不當穿鑿作解。　唯言羽旄未見其爲全羽爲析羽也。且析羽爲旌。旌未必王章也。桓十六年。衛急子使齊。壽子載其旌以先。孟子招大夫以旌。可徵。　襄十五年。范宣子假羽毛於齊而弗歸。齊人始貳。當參考。　旆揭旌旗。垂其旒頭用之也。襄十八年。旆而疏陳之。左實右僞。以旆先。昭十三年。辛未治兵。建而不旆。壬申復旆之。當參考。

嘖有煩言。　傅遜曰。按管子。嘖室之議。房玄齡曰。謂議論者。言語讙嘖。又荀子。嘖然而不類。楊倞曰。嘖爭言也。此言嘖有煩言。若曰嘖然有煩亂爭忿之言耳。

社稷不動。是汎言也。國遷師行皆在其中。

備物典策。彝器。典策只是書籍矣，不可作春秋之制。彝器，祭器也。

命以伯禽。劉炫曰：伯禽猶下命以康誥。是伯禽爲命書。

落以商政。謂開導其民以殷政也。下文倣此。

命之以蔡。蔡下疑脱仲字也。乃是篇名，與伯禽、康誥一例。

猶先蔡。晉重。春秋是魯人所記，又經仲尼筆削，恐難以徵會盟位次，不當强作說。晉重下恐脱耳字。

子必死之。死謂實殞命于陣上。是一死贖前罪也。非死戰以徼幸之謂。

吳人及之句奔句食而從之。五戰及郢。林註。楚走不暇食。故吳人食其食。而又從之。五戰皆在雍澨之後。略而言之也。註大謬。

以班處宮。合註。以尊卑班次處楚王君臣之宮。

剄而裹之。傳遜曰。司馬未死。而句卑剄之也。

入于雲中。雲夢二澤夾江。江北爲雲。江南爲夢。昭三年。楚子以鄭伯田江南之夢。是也。禹貢雲土夢作乂。其爲二澤必矣。杜乃援夢以解雲。何謬。且楚子既濟江而北無復如江南之理。

以棐天衷。　棐助也。

與隨人要言。　王使見。　只是結隨王與子期之約也。無並脫子期之事。　使見只欲勞賜之也若比王臣使盟未必然。

不敢以約為利。　陸貞山曰此約與上隨人之約義同謂不敢乘君父困約之時以為利。

我必復楚國。　子能復。　合註復與覆同。　史記作覆。

荐食上國。　荐食猶言蚕食也。

五年經於越入吳。　於越蓋其本號矣後去其一字耳猶一本無傾字。

邾婁之爲邾也不必發聲管子稱于越當參考。　越多種類南越東越之類頗多故稱百越也然則於越是百越之一矣猶舒鳩爲群舒之一也。

傳改步改玉。　韋昭曰佩玉所以節行步君臣遲速有節。

以妾鍾建。　鍾建蓋樂工掌鍾縣故稱鍾鍾非姓氏此嫁季芊之故舉以爲樂尹也前年註以鍾建爲大夫者非。按成九年鍾儀南冠而縶問其族對曰伶人也當參考。

六年傳爲之請以取入焉。　入者謂自結于晉。

敗楚舟師。　註宜言舟師水軍今云水戰恐字譌。

冬十二月天王處于姑蕕。　是引經文也今經無此句者。

葢脫之也下云辟儋翮之亂也是釋經之辭並非敘事之文。

七年經大雩。　賈逵曰旱也。

八年經盜竊寶玉大弓。　寶玉之爲夏璜大弓之爲繁弱。是先儒相傳之說非有明據劉炫唯四年祝佗論分器有夏璜繁弱先儒因傳會焉然其實未可知

傳顏高之弓六鈞。　稱自周至南北朝無異杜云古稱重者盜以六鈞非異强故爲是說杜撰已殊不知稱無古今而習藝有古今也。

主人出師奔。　賈逵曰主人出魯人奔走而卻退。　陸貞

山曰暫退也不謂戰敗而奔與陽虎之言自不相妨

請執牛耳　襄二十七年小國固必有尸盟者執牛耳亦尸盟之一事是大夫之任矣非尊者之謂且執牛耳與涖牛耳自有辨哀十七年誰執牛耳季羔曰鄫衍之役吳公子姑曹發陽之役衛石魋註執牛耳尸盟者當參考

捘衛侯之手及捥　陸貞山曰捘一作捽把持之意　捥腕同掌後節中也　傅遜曰涉佗以他國之大夫而捘國君之手上近於臂其辱也甚矣非血及之謂

順祀先公　禘於僖公　順祀蓋合祭也經書從祀從亦

順也。謂昭穆之次序。是盖於大廟爲之。欲祈請求祐。故悉合享諸先公也。不特閔僖二公。夫閔僖進退之說。出於後儒之臆。不可從。又以僖公季氏所立。故遂特祭以求媚也。是與從祀各一事。禘有祫有犆。此禘犆禘也。故曰禘於僖公也。陽虎豈知禮者。且專求媚於僖公。焉有黜僖躋閔之舉哉。經不書禘者。略也。雖非禮而事輕於從祀。不足書矣。

咋謂林楚。傳。遜曰。咋齧也。是恨疾意。無暫意。一說。咋切齒也。一說。齧林楚之肩頭指端也。

爾以是繼之。正義。言汝先祖以來。皆爲季氏之良。今不

一本別作客

良以是殺君之事繼之。

魯人聞余出。喜於徵死。 既云魯人。宜汎指孟孫諸人。不當以季孫一人而言徵死。猶言速禍也。謂自取死。陽虎强。魯人與之交鬬。是自取死也。蓋陽虎雖敗亡。猶誇其强而自詫如此。

舍爵於季氏之廟。 酌而奠于神也。非自飲。

九年傳。謂桐門右師出。 劉用熙曰。子明蓋與右師同居。出。謂逐之使出而別居也。

取彤管焉。 詩意深愛其人。故其所贈之物雖微。而美之異佗。 彤管所以盛筆。非筆柄。且是人時常所用。不必標女史。

竿旄何以告之。欲告者其人也。然呼竿旄若愛竿旄者然。是援詩之義云。舊解靜女竿旄並與甘棠背馳大失倫。

召伯所茇。召伯只是舍于棠下耳。不必言決訟。

東郭書讓登。子讓而左。彌先下。讓先也。攻城有可登之便。衆心爭競。且其路狹窄。不可並進。故相讓先登耳。讓而左右者。既登左右避。而讓路與後人。使皆登也。書左如約。讓也。彌先下背約。不讓。

如驂之靳。說文靳當膺也。驂馬之靳後於服馬之靳。

一本無蓋軒以下六字。

是謂其鴈行相隨之意耳服馬爲靳吾未之聞也

皙幘而衣貍製　皙幘白巾也戴白巾而被貍裘是以物色註强讀幘爲齰非也哀二十七年陳成子衣製杖戈杜乃解作雨衣非也蓋製之爲裘亦非常服之裘是甲上可被者猶後世之戰袍矣

彼實旅也　犂彌蓋他國來寓者故曰實旅也則其出死力特可深賞矣非復世臣之比

犀軒與直蓋　蓋之柄有曲者有直者　直蓋車與犀軒别是一車蓋軒車不用蓋

十年傳孔丘使茲無還揖對　上文孔丘以公退暫退也

一本自作親。

萊人去埋當復進此孔子不自對使兹無還對者會朝之禮各有職也非退故且盟者國之大事豈容使賤者終事哉

其圉人曰吾稱子以告。 圉人是郈之圉人侯犯之屬也其字緊承焉正侯犯句 稱子稱侯犯之劒也非稱武叔卽武叔圉人不當稱爲子又無由以劒過公若之朝

侯犯以郈叛 是乘際會圖利營私也殺公若一事固爲侯犯之功矣非不能副武叔之命杜蓋以侯犯能殺公若則不當叛故誤解上文不可從

倍與子地。　謂所易之地廣倍於郈。凡易者易地也。謂以郈予齊而取償地於齊也。非易人之謂。註前後皆謬。

十二年經秋大雩。　大雩旱也。

傳與其素厲。　滑羅知曹不能來追。故不退於列。而其言如此非欲誘致。合註羅言與其空稱猛以驕人。寧爲無勇可也。亦孟之反不伐之意。

十三年傳齊侯欲與衛侯乘。　介而與之乘。　是欲以衛侯爲僕役也。而弗可得焉。故設詐暫眞衛侯于己車。以足其欲已。註不發是意。徒病之以輕。未得事情。

十四年傳使死士再禽焉不動。　禽往遺之禽也。所謂餌兵矣吴人不動不取禽也。

去攜李七里。 謂去戰處未遠即死明因傷而死也非釋

經文。

既定爾婁豬。 艾豭。 婁僂同謂老也以喻靈公言既與

靈公定夫婦之義宜歸我宋朝也。 艾少艾也宋朝有

美色而年少故以艾豭爲喻安得以老豬喻焉。

哀元年傳夫屯晝夜九日。 劉炫曰謂夫役屯聚晝夜不

止九日而築壘成耳。

使疆于江汝之間。 疆定疆界也非徙國。

或將豐之不亦難乎。 難平聲謂難免禍也。

不可食已。食猶食言之食也。已語辭。

日可俟也。日日益甚之意。

室不崇壇。器不彤鏤。不觀。所嘗。卒乘。壇者堂之基砌也。不崇者壇卑也。非曾不起壇。彤疑彫之譌。不觀謂不爲觀美。所嘗謂凡所飲食者。非特珍異。卒乘謂王之親隨。

二年傳。若有之郢必聞之。郢以不聞拒之。是曾不宜車中語言。靈公未嘗有此言也。非以前後論。

右河而南。已渡循河而南行。則河在其右。故曰右河也。

以故兆詢。傳遜曰。此鞅與范中行氏戰。非衛大子事也。

大子特爲右耳。此必鞅始欲逐范中行。而卜得吉兆也。
註納衛大子。卜得吉兆。謬甚。
上大夫受縣。 受郡。 當時縣大郡小。然其廣狹今不可
考。且縣有成縣之名。則其小者亦有之也。作雒篇不可
據。 據作雒千里百縣。則縣是方百里矣。縣有四郡。則
郡是方五十里矣。晉國雖大。而輒以五十里百里爲一
戰之賞。豈可乎哉。作雒之不可據如此。
志父無罪。 絞縊以戮。 志父疑鞅之字。蓋有所避。以字
行耳。服虔以爲鞅改名志父。然下文蒯聵禱詞仍稱鞅。
則服說亦不可從。從外稱之曰鞅。自稱曰志父。十七年

傳當參考。 絞亦縊也非指物。

趙孟喜曰可矣。 傳遜曰鄭敗則范中行失援糧竭必將亡。故喜而傳使應之以猶有知在也。於大子勇不相接。

止而與之田。 別與之田也。非謂所税之田。上文所謂得者得尨也不謂取田。

駕而乘材。 凡木之可用者謂之材。楨幹之屬皆材也。不必横木且乘材以試重載也。必非細小。

哭而遷墓。 遷墓改葬也。

三年經圍戚。 知不義推齊爲兵首。是後人之臆度當時豈有是議論。

傳。濟濡帷幕。鬱攸從之。濟亦濡也。攸所也。謂以濡物從火氣所鬱處也。

命藏象魏 此象魏謂平日所縣教令。如後世禁榜是也。周禮不必援。其正月縣者浹旬而斂之。則災時無可藏。

萇弘事劉文公。事者謂親善奉之。不必屬大夫。六年齊陳乞僞事高國者可併按。

荀寅伐其郛。已犯師而出。荀寅出擊城南之師。分其兵還入北門。以分敵兵而已潰師而出也。註並謬。

四年經盜殺蔡侯申。公孫翩雖賤亦非匹士。但其事脫易。非聚兵作難之比。是所以稱盜。盜則無君臣之名固無所用弑字。

執戎蠻子。　歸于楚。　執蠻子。非晉侯命。固不得不稱人。是一蠻酋也。已註何以稱諸侯。可怪。　歸。如歸于京師之歸。是遣送之義矣。非還歸之歸。

傳。恐其又遷也。承。　合註承衍文。　又按承之下。蓋闕文。

以兩矢門之。　守蔡侯死家之門也。

爲一昔之期。　今日發命。以明日當起也。不必夜結期。

陰地之命大夫士蔑。　士蔑是晉守陰地大夫也。杜謬爲楚人。故曰別縣監尹也。尹楚官。

五年傳。王生授我。　謂子我以賢名也。昭二十年宗魯曰。

子假我名焉。今聞難而逃。是僭子也。語意正與此同。

不成而死。　夭折不成長也。未至論冠否。

六年經陳乞弒其君荼。　是經傳不相符者。勿牽合作說。

乞之泣。又與子家憚老子比刧立異類。

傳再敗楚師不如死。　劉炫曰。再敗謂今戰更敗。杜言退還亦是敗。非也。

祭不越望。　望謂山川也。不及星辰。

允出茲在茲。　允是虛字。實之之辭。不可解為忠信之信。

為孺子牛而折其齒。　齒。景公之齒矣。頓地者亦是景公矣。

遷孺子於駘、殺諸野幕之下。　必於殺。不必於遷。駘遷

駘托辭已註拘。　野幕謂野次也。

七年傳上物不過十二。　陸貞山曰。上物亦通言之。如冕

與旂俱十二旒。玉路樊纓十二就之類。皆是。不專謂牢。

而牢亦在其中矣。

二三子以爲何如。　孟孫周訪於諸大夫也。非怪不言

執玉帛者萬國。　玉帛泛稱贄也。夏禮無徵。且不必穿鑿。

杜乃據周禮作解。何居。

大不字小。小不事大。　是所以滅亡矣。引以爲戒也。非以

自怨。

知必危何故不言。 魯德如邾。 知危故今敢言之不復顧季孫之怒焉且魯德云云可乎文意葢如此。 傳遜曰。尙合諸侯至加之可乎皆諸大夫之語。

不樂而出。 賓主意異故皆不喜樂而退散也非中罷饗。

君之貳也。 貳仍是副貳之貳魯之承事輔相不如邾之私屬親暱也以見邾雖小不可弗恤也。

八年傳若使子率子必辭。 合註率謂引導。

魯雖無與立必有與斃。 傳遜曰凡與字必指人已而言。魯微弱專籍四隣之救故言緩時雖無與之俱立者急則恐禍及己有與之俱斃者矣。 隣國於魯緩時不相

輔翼而急時必相赴援也與斃者謂出死力之甚

以伐武城克之　國人懼　劉炫曰克之者實克武城國人懼者懼其害魯　傳遂曰吳以客兵遠涉敵境自不能久雖克武城人心不附今王犯既舊爲邑宰子羽之父又一邑之望二人相得則武城之人皆將固事吳而吳據之以爲魯害非遊兵羈寓者比故國人爲之懼也

公賓庚公甲叔子與戰　此同車　公賓庚與公甲叔子戰也庚蓋吳人矣下文獲叔子庚獲之也　同車謂叔子與析朱鉏也

九年經取鄭師于雍丘　取者言易也與傳例覆而取之

別自一義。十三年取宋師傚此。

傳不利子商。子疑于之譌。

盈水名也。史墨之占不可曉。杜以盈爲趙鞅之姓。不知何所據。

救鄭則不吉。史趙之占。不帶宋事。唯言鄭不可救而已。故曰不知其他也。

十年傳弑悼公赴于師。亦以病死赴也。非解說。

季子救陳。季札九十餘帥師。恐左氏之妄。孫毓曰。此季子或是札之子孫。可備一說。

十一年傳一子守二子從公。是只於三家中擬一二也。

未指其誰耳不當以一子守定作季氏。

居封疆之間。　封疆在四竟是謂未出竟也非近郊之謂。

上文禦諸竟戰于竟外也此封疆之間戰于竟內也。

不屬者非魯人也。　屬係屬也謂接續出戰。

二子之不欲戰也宜。　季氏既專政矣國有難宜身當之

二子焉獨受其難且不能戰亦非二子之恥故曰宜也。

非恨而不盡力。

俟於黨氏之溝。　俟者俟季孫之呼喚也未輒從入也。

公宮外之列第有黨氏之室而前有溝冉子俟於其上

耳何地名之有又安得曰朝中。　按僖三十二年公築

臺臨黨氏。則黨氏與公宮隣。

慮材而言量力而共。 是諷二子之不力也。非所問非所及之謂。

就用命焉。 合註。就。猶能也。用命致死也。

爲己徒卒。 謂左右親兵。

不狃曰惡賢。 賢勝也。惡賢。謂無以勝於衆。 不狃自以非怯不及人。故不走。又非勇勝於衆。故不止。遂徐步而死。是以中人自處也。非無戰志之謂。

爾死我必得志。 得志。謂破敵立功。

三戰必死。於此三矣。 上句是泛言下句實之。言凡力戰者三必死矣。劍爲然。今吾三於此。其必死也。

對曰從司馬。叔孫時爲司馬官。故云從者。謙辭。猶從政之從也。

天若不識不衷。使下國。不衷斥齊侯也。非斥國子。使下國。使曾得克也。不特指殺國子。

顛越不共。顛越謂顛倒錯亂。

使於齊屬其子於鮑氏。史記吳越春秋皆云吳王使子胥于齊。子胥屬其子於齊鮑氏而還報。宜從杜蓋謬

故夏戊爲大夫。夏戊疑子慭之妻族矣。不然。故字不通。

又二十五年稱夏戊之子期。大叔疾之從孫甥也。豈後

一本妻族矣三字作外曾孫而疾之母族

矣九字。

來別重婚者邪。似期之母爲疾之從甥也。未可據此以戊爲疾之甥。

欲以田賦。　田賦之法不可考。先儒皆就田賦二字種種穿鑿立說。究竟不見其可。姑闕之可也。如杜別田財之說。於傳文殊無可徵。

十二年傳。放經而拜。　是不成弔也。非偷合禮。主人拜弔客。客不答拜。

若可尋也。亦可寒也。　尋燖同。寒與燖對。意自明。不須別解。

九月宋向巢伐鄭。　劉炫曰。傳倒本隙地之事。載其日月。

使與明年相接。

十三年經公會晉侯及吳子。　吳稱子爵也正與楚同楚未嘗去僭號而經皆書子是常法已此何必問吳去僭號與否也杜蓋據國語也然國語唯云去王而已仍稱吳公焉未嘗稱吳子也其不可據明矣。

十有二月螽。　前年所謂司歷過者謂周之曆官也非魯之曆官夫周室雖微尚應班曆必不得各國造曆也不則列國朝會赴告參差不齊萬無是理。　趙子常曰杜謂魯實有曆實承劉歆之誤

傳以六邑爲虛、　虛墟同謂隳城郭邑居爲丘墟

王惡其聞也。聞去聲。以發聞於所會諸侯。或懷攜貳。恐不得逞志。

肉食者無墨。有墨。墨以有無而言。必是一物矣。杜解難從。一說墨謂面上浮氣黯黑色。理或然。

伯帥侯牧。伯與下文同。謂侯伯也。侯牧謂諸侯也。諸侯牧民者。故通稱焉。是皆就當時之事而言。不宜邈引古典論先代。

佩玉繠兮。繠垂貌。繠字外無所見。蓋與纍同字。

曰庚癸乎則諾。林註有山氏素備粮食。登山待其呼。則諾而與之也。

十四年經以勾繹來奔。續經疑出於左氏之手也。不必別撰弟子。

傳。曰麟也。春秋感麟而作，故絶筆獲麟。固不須問魯史書與否也。註泥。

事君子必得志。得志謂逞其所欲也。志字屬豹，不屬子我。

四乘如公。四乘四人共一車，兄弟中未詳其誰。史記。田常兄弟四人乘如公宮。司馬貞曰四乘謂四人乘車而入。杜預謬。又曰按世本昭子是成子之叔父。成子兄弟凡七人。

一本無薄宗邑也一條。

侍人禦之。是齊侯之侍人宫中役使者。

吾早從鞅之言。是悔並陳闞以致禍也鞅固言不可並

而已不言必誅陳氏矣。

薄宗邑也。謂先世以來相傳湯沐之邑也不必以廟

父兄故臣。其新臣。呂東萊曰其父兄故臣老矣安禄

顧寵惟恐失之故不可而新進者鋭猶可以義激故曰

從吾君之命。

欲質大夫以入焉。左師本意不欲滅魋又懼討焉故劫

大夫以入于曹也下云亦入于曹不得質而入也入字

正同。

以從大夫之後。從後謙辭。謂仍在大夫之列。孔子被幣召而歸。雖不復任官職。而其居曾仍在大夫之列。蓋如後世奉朝請耳。必非致仕歸老之比。十二年夫人之喪

孔子與弔。當參考。

成有司使。使即有司矣。蓋爲宰使也。不當作有司所遣之使者。

聽共。謂聽候乎供給之命。

十五年傳使蓋備使。合註備猶充也。

陳成子館客。館適客舍見客也。

弗及不踐其難。及謂禍難來切於身。蓋言禍難來切於

孔子是時蓋仍在大

身固不當逃避苟免焉，但未來切於身，不當往求而踐焉耳。

食焉不辟其難。　子路孔悝之臣也，非衛侯之臣。孔悝見刼，故往救之耳，專爲孔悝也，非爲出公。曰其難，曰其患，曰食焉，曰利其祿，皆就孔悝而言，不在衛侯矣，則與衛大夫高柴地位已異，非特氣象不同也。註不發是意，何居？古今論者皆不免是失。

必或繼之。　言別立孔氏宗人以爲難也，謂不以孔悝一人作去就，然亦刼逼之言耳。

十六年經孔丘卒。　獲麟後續經者，特欲記仲尼之卒也。

夫之列也。不當以告老去位作說。

則他事採于魯史而記焉可也。至于孔丘卒。何必問魯史書與否。劉炫曰。春秋之例。卿乃書卒。縱令仲尼不告老。例不合書。杜謬。

傳。復爾祿次。從王命。復之也。

旻天不弔。不憖遺一老。弔。恤也。憖。勉也。

率義之謂勇。率。循也。

請以戰備獻。服虔曰。欲陳士卒甲兵。如與吳戰時。而入獻捷。

以險徼幸者。偏重必離。險。危也。言傾危之徒。其欲無度。且事纔成。其威權富貴。不能均平。則互相怨望離

心也故欲待之
圉公陽穴宮弒王。公陽是圉人之名養馬之賤者非大
夫。

十七年傳衛侯為虎幄　虎幄蓋張虎皮用為幄幕也

衷甸兩牡　紫衣狐裘　袒裘　衷甸未詳凡駕馬車皆
一轅通于上下此何用特稱焉故杜註不可從兩牡亦
不見僭禮之意　紫衣姦色非禮也註以為君服者謬
狐裘蓋狐白裘袒裘脫表衣見裘也上文紫衣即是表
衣矣表衣必單袒之非因熱也只是宜狐裘之美耳與
不釋劍皆為不敬之罪　陸貞山曰衷甸兩牡當為罪

之一。若三罪不數衷甸，則傳何用言。又袒裘不釋劒，總是一事耳。

數之以三罪。　前年大子言請三之後，有罪殺之，是殺良夫必須四罪也。此蓋以衷甸三句充三罪，而又加之以欲召出公之罪而殺之也。傳文簡且取三罪呼應，而實殺良夫之一罪則在言表，是文之至者，人弗察爾。

左右句卒。　句卒，枝軍也，猶戰之有句枝也。

令尹有憾於陳。　令尹之憾，恐別有所指也，今不可考。若弔吳未足以爲憾，豈嘗伐陳未得志之故耶。

緜緜生之瓜。　叫天無辜。　興也，不當作比喻。　緜緜不絶貌。無辜謂罪不當死也非一事三罪之謂註何煩瑣。

如魚竀尾。衡流而方羊句裔焉大國。竀赬同。鄭衆曰方羊遊戲也傳遜曰與彷徉同。劉炫曰卜繇之辭文句押韻裔焉二字宜向下讀之裔焉大國謂土地遠焉之大國。

十八年傳觀瞻曰如志。如志占辭也前年子良之卜過於其志可例而推焉。

二十年傳進不見惡退無謗言。進退只是公私上下之間已進思盡忠退思補過文意與此同。

一本無從甥也以上三十六字

二十三年傳其可以稱旌繁乎　劉用熙曰稱稱副之稱季氏自弔其舅氏與魯國之政何關杜自泥終前事之說不可從他可例而推焉

二十五年傳臣有疾異於人　君將㱿之　聲子之足蓋胼拇枝指之類故曰異於人也非創　㱿嗀同說文歐貌

其弟期大叔疾之從孫甥也　姊妹之子爲甥則從孫甥是從父姊妹之孫矣　夏戊之女不稱大叔之屬而弟期特稱焉是期之母爲大叔疾之從甥也期與夫人蓋異母矣餘見于十一年

公使優狡盟拳彌。是只失禮而已。非有恥辱之之意。狡優人之名。

二十六年傳。令君再在孫。　出公居城鉏。城鉏是衛地。故杜前解云。近宋邑也。此註乃云。今又孫宋。似以城鉏爲宋地。謬。

二十七年傳。衣製杖戈。　製裘也。亦可以禦雨。然不可解作雨衣也。詳于定九年。

使瑤察陳衷。　衷中心也。陳衷猶言陳之事情也。始衷終皆舉之。　不亦難乎。　註援三思而牽合焉。非也。且論語有識三思。未聞尚三思者。　不亦難乎悔妄舉取禍也。註言不可復。未見何所當。

左氏雕題略卷六終

杜氏後序

後序非杜氏筆蓋僞撰竹書記年者又作此托元凱以取信於世耳其行文潦草姑舍之今舉一證有言紀年稱伊尹自立大甲殺伊尹大與尚書叙說大甲事乖異不知老叟之伏生或致昏忘夫伏生所傳二十九篇無叙說大甲事者而元凱目不睹古文尚書安得有尚書叙說大甲之語又元凱之溫雅必不至輕詬伏生矣僞撰者雖巧掩藏至此手足皆露

左傳雕題略跋

余嘗讀檥軒通語。其紀事簡練。肖貌左氏。而要出一檥軒與世之以古文自名徒擬周秦面目者迥異。蓋得力於左氏爲多。故七經雕題中。是編最稱精覈。其鈎沈抉隱。明析文理。始出陸顧惠馬之上。而於杜註孔疏。則排擊不免失當者。間有之。然要大醇而小疵耳矣。吾師一齋先生每授左氏春秋。頗采用於茲書。侍帳之日。命以考訂焉。今茲季冬。余乃上梓以公於世。原書係先生所藏。校以數本。最後獲懷德堂本。異同殊多。上層所舉一本是也。竊謂讐對雖未精。而世之讀左氏者。以此參之。其所裨益。豈淺鮮也哉。
弘化丙午臘月七日

唐津山田寬跋

作者及版本

中井履軒（一七三二—一八一七），名積德，字處叔，謚號文清先生。生於大阪懷德堂，爲中井家族第二男，幼與兄一起爲五井蘭洲門生。明和四年（一七六七）三十六歲那年，在大阪開設私塾水哉館，結交名流，以「幽人」相稱。在學問上與兄相同，基於朱子學，但更處於折衷立場。著作甚豐，除了《春秋左傳雕題外》，尚有《七經逢原》《通語》（國史）、《弊帚》《弊帚續篇》《髦言》《華胥國物語》和《均田茅議》等。

《春秋左傳雕題略》爲四孔線裝日本近世木活字版本。書高二十三厘米，共六册。封面題簽「春秋左傳雕題略」，内封印有「弘化三年丙午季冬鐫 中井履軒先生著 春秋左傳雕題略 唐津 廓然堂藏版」字樣。正文前載有《敘》、《例言》和《目録》。第一册從隱公始，到僖公十五年止。第二册從僖公十六年始，到宣公十一年止。第三册從宣公十二年始，到襄公十五年止。第四册從襄公十六年始，到昭公三年止。第五册從昭公四年始，到昭公二十六年止。第六册從昭公二十七年始，到哀公止。正文每頁十行，每行二十個字左右。天頭有注，少蟲蛀，字體清晰，便於閱讀。